La cuisine du droit

L'École de Droit de Sciences Po : une expérimentation française

Christophe JAMIN

La cuisine du droit

L'École de Droit de Sciences Po : une expérimentation française

lextenso éditions

33, rue du Mail, 75081 Paris Cedex 02
ISBN 978-2-35971-061-8

Sommaire

« Ces inquiétudes face à la capacité des juristes français à s'intégrer au monde de l'entreprise et du commerce international, et l'insatisfaction vis-à-vis de la formation des juristes en France ont été à l'origine de la création de l'École de droit de Sciences Po Paris ».

M. Prada, Rapport sur certains facteurs de renforcement de la compétitivité juridique de la place de Paris, *Ministère de l'Économie et des Finances & Ministère de la Justice, 2011, p. 46.*

« La mondialisation de la science juridique, dont l'espace européen de recherche fera immanquablement partie, mettra l'approche doctrinale de la science juridique sous pression et exigera que celle-ci soit repensée ».

A. *von Bogdandy, « La science juridique dans l'espace juridique européen, une réflexion à partir de l'exemple allemand »,*
D. *2011, p. 2819.*

« Le rôle du professeur tel que je le conçois n'est pas de faire la lumière sur la vérité ».

K. L. Llewellyn, Cases and Materials on Sales, *Callaghan, 1929, p. XVII.*

« Nous n'avons plutôt pas assez que trop de théorie en droit ».

O. W. Holmes, « The Path of the Law » (1897) 10 Harvard Law Review *457, 476.*

Avertissement

Ce livre constitue d'abord le produit d'une expérimentation menée de manière collective à Sciences Po depuis maintenant quelques années, sous le regard attentif de son directeur, Richard Descoings, prématurément disparu il y a quelques semaines et à la mémoire duquel je dédie tout spécialement les pages qui suivent.

Ce livre résulte aussi d'une réflexion personnelle menée depuis maintenant plus de vingt ans sur l'histoire de la pensée juridique contemporaine et l'enseignement du droit. Cette réflexion doit beaucoup aux nombreux échanges que j'ai eus, depuis longtemps et sur tous les continents, avec un très grand nombre de personnes, au premier rang desquelles figurent Jean-Michel Darrois, qui nous fit l'honneur de présider la commission de préfiguration de l'École de droit, Frédéric Audren, Guy Horsmans, Philippe Jestaz, Daniel Jutras et Duncan Kennedy. Elle doit surtout aux nombreuses discussions que j'ai pu avoir avec Mikhaïl Xifaras avec lequel je n'ai jamais cessé de débattre, de manière complice et amicale mais sans concession, sur les versions successives du présent ouvrage qu'il a largement contribué à améliorer. Ce qui ne m'empêche nullement de revendiquer la pleine et entière responsabilité des idées et des erreurs contenues dans ce livre.

Introduction

Ce livre est le produit d'une expérience collective. Celle que mène un petit groupe d'universitaires qui a décidé de créer une École de Droit au sein de l'Institut d'Études Politiques de Paris, autrement dénommé Sciences Po. Issus pour la plupart des facultés de droit, mais les ayant quittées pour cette institution, certains de ceux qui l'animent ont ressenti, à différents stades de leur carrière, un sentiment de malaise à leur égard. Non – ou pas seulement – pour les raisons le plus souvent mises en avant par leurs collègues, raisons qui tiendraient à l'augmentation massive du nombre d'étudiants depuis plusieurs décennies, leur baisse réelle ou supposée de niveau, un manque de moyens matériels qui caractériserait les universités, ou encore une atteinte portée aux « libertés universitaires » par ceux qui ont récemment entrepris de réformer ces universités. Mais principalement parce qu'ils n'étaient plus en accord avec le type d'enseignement qui y est dispensé, la nature des recherches qu'on y mène ou les modalités et les critères de recrutement de ses membres. Pour le dire en un mot, parce que le projet des facultés de droit ou ce qui en tient lieu n'était plus tout à fait le leur.

À dire vrai, cette expérience a bien failli ne jamais voir le jour. Deux ans avant la création de l'École de Droit, qui a ouvert ses portes en septembre 2009, Sciences Po avait obtenu qu'un arrêté du ministère de la Justice autorisât les diplômés des deux filières proprement juridiques du master que l'institution est autorisée à délivrer (en l'occurrence « carrières juridiques et judiciaires » et « droit économique ») à se présenter à l'examen d'entrée aux centres régionaux de formation professionnelle des avocats[1]. Et cela en plein accord avec les différents organes représentatifs de la profession d'avocat, mais par dérogation au monopole détenu par les facultés de droit. L'obtention de cet arrêté suscita un véritable tollé parmi la communauté des juristes universitaires. Certains d'entre eux publièrent des articles de presse incendiaires[2] et une pétition (sur

1. Arrêté du 21 mars 2007 (*JO* 8 avr.) modifiant l'arrêté du 25 novembre 2008 fixant la liste des titres ou diplômes reconnus comme équivalents à la maîtrise de droit pour l'exercice de la profession d'avocat : « *Sont reconnus comme équivalents à la maîtrise en droit pour l'exercice de la profession d'avocat : [...] 9° les mentions "carrières judiciaires et juridiques" et "droit économique" du diplôme de l'Institut d'Études politiques de Paris* ».

2. V. parmi les premières réactions, Cl. Lucas de Leyssac, « 1 000 = 2 000 ou l'égalité troublante d'une équivalence douteuse », *LPA* 20 avr. 2007, n° 80, p. 7. – F. Terré, « Rénovation rime avec formation », *Le Figaro* 30 avr. 2007. – P.-H. Antomattei et P. Maistre du Chambon, « Formation des avocats, la colère des juristes », *Le Monde* 23 mai 2007. – Ch. de la Mardière, « Le droit ne s'improvise pas », *JCP G* 2007, Libres propos, 230. – *Adde*, M.-E. Pech, « Querelle entre les facs de droit et Sciences Po », *Le Figaro* 27 avr. 2007. – L. Garnerie, « Accès à la profession d'avocat : controverse

le blog du professeur Frédéric Rolin) recueillit très vite près de 500 signatures de professeurs et maîtres de conférences appartenant à la quasi-totalité des facultés de droit françaises. En outre, plusieurs recours furent formés devant le Conseil d'État pour contester la validité de l'arrêté, mais en vain[3]. La polémique connut même les honneurs de la une du journal *Le Monde* le jour du premier tour de scrutin de l'élection du Président de la République[4] !

Le motif de la contestation tenait principalement au fait que les facultés de droit n'auraient pas été placées sur un pied d'égalité avec Sciences Po, car elles ne peuvent officiellement sélectionner leurs étudiants et sont réputées ne pas disposer de moyens financiers équivalents. Ce qui revenait à parler de concurrence déloyale. Mais la contestation tenait aussi à la conception que les membres des facultés de droit se font majoritairement de la formation des juristes : les étudiants de Sciences Po

---

entre Sciences Po et les facultés », *Dr. & patr.* n° 160, juin 2007, p. 6.

3. V. en particulier, CE, 4e et 5e sous-sect. réunies, 23 juill. 2008, n° 306321, inédit, qui retient plus spécialement que « *le diplôme de l'institut d'études politiques de Paris, mentions carrières juridiques et judiciaires et droit économique, sanctionne un cursus de cinq années d'études supérieures qui comporte, pour ces deux mentions, trois années d'études pluridisciplinaires dans lesquelles le droit tient une place importante et deux années presqu'exclusivement consacrées aux disciplines juridiques ; que, par suite, les auteurs de l'arrêté attaqué ont pu, sans méconnaître l'article L. 621-1 du Code de l'éducation, sans commettre d'erreur manifeste d'appréciation ni méconnaître le principe d'égalité vis-à-vis des étudiants titulaires de la maîtrise en droit, reconnaître ce diplôme comme équivalent à la maîtrise en droit délivrée par les universités pour l'exercice de la profession d'avocat* ».

4. *Le Monde* 22-23 avr. 2007.

n'auraient pu devenir de véritables juristes en raison de la brièveté de leur cursus spécifiquement dédié au droit, les vrais juristes ne pouvant être formés que sur une période de quatre ou cinq années. Plus fondamentalement, cette même contestation venait du fait qu'il n'y aurait eu qu'une seule manière de former des juristes et que cette manière reviendrait en propre aux facultés de droit : comme on allait bientôt l'écrire, on pouvait bien enseigner « du » droit ailleurs, et spécialement dans les écoles de commerce, il n'y avait que dans les facultés de droit qu'on enseignait « le » droit[5]. Ce qui était une façon de révéler une blessure narcissique, plus profonde que les autres : les facultés de droit pouvaient ne plus être les détentrices légitimes de la « vraie formation » des « vrais juristes ».

Au moment où l'arrêté faisait l'objet de cette vive polémique, les universitaires ayant quitté les facultés de droit pour Sciences Po, souvent blessés par la nature de certains arguments mis en avant pour les critiquer, se sentaient pour leur part investis d'une nouvelle mission – ou du moins la plupart d'entre eux, car il y eut aussi quelques divergences internes. Alors que l'enseignement du droit dispensé au sein des deux filières juridiques du master de Sciences Po visées par l'arrêté pouvait être

5. V. la phrase, me semble-t-il assez représentative d'un certain état d'esprit, du professeur Hervé Croze (« Pourquoi les facultés de droit devront sortir de l'Université », *JCP G* 2011, 880, p. 1463) : « *C'est que le droit est porteur de valeurs. Il a une dimension morale dont on ne peut faire l'économie, c'est pourquoi il ne peut jamais être une discipline servante et que dans les écoles de commerce on peut bien enseigner du droit, on n'y enseignera jamais le droit* ».

auparavant considéré comme le complément des études de droit suivies au sein d'une faculté de droit, voici que la publication de l'arrêté changeait la donne. Désormais, les étudiants de Sciences Po avaient la possibilité de présenter l'examen d'entrée aux centres de formation professionnelle des avocats sans plus être tenus de prendre une inscription dans une faculté de droit. Les études de droit suivies à Sciences Po changeaient de statut : de complémentaires, elles avaient vocation à devenir principales, voire uniques. Ce qui incitait Sciences Po à franchir le pas en imaginant la création d'un cursus propre à former des juristes uniquement en son sein.

À dire vrai, l'institution aurait pu le franchir auparavant, dans la mesure où ses étudiants avaient de manière traditionnelle le droit de présenter le concours d'entrée à l'École Nationale de la Magistrature. Néanmoins cette possibilité ne concernait tout au plus que deux ou trois dizaines d'étudiants chaque année. En outre, la plupart d'entre eux intégraient Sciences Po pour compléter la formation initiale qu'ils avaient reçue dans une faculté de droit, Sciences Po étant alors perçue comme une institution leur permettant de recevoir la part de culture générale qui ne leur avait pas été dispensée au sein de facultés réputées transmettre un savoir essentiellement technique.

Parce qu'il concernait l'accès au barreau, l'arrêté tant discuté ne touchait plus seulement quelques dizaines d'étudiants chaque année, mais des bataillons nettement plus importants, du moins à l'échelle de Sciences Po, et des bataillons qui ne souhaiteraient plus nécessairement fréquenter les facultés de droit. Imaginer un cursus autonome devenait ainsi une nécessité, une obligation morale pour des universitaires qui s'estimaient désormais redevables de la totalité de la formation juridique de leurs étudiants.

Mais il n'y avait pas que cela. À ce qui devenait une nécessité s'ajoutait une occasion formidable dont beaucoup des promoteurs du projet allaient se saisir : celle d'imaginer un projet scientifique et pédagogique différent de celui conçu de longue date par les facultés de droit. L'arrêté constituait ainsi l'occasion de se demander ce qu'est un juriste et de s'interroger sur la façon dont il peut être formé sans que pèse le poids des habitudes prises dans ces mêmes facultés.

Demeurait une contrainte institutionnelle qui tenait à la spécificité de Sciences Po. Néanmoins, celle-ci constituait en même temps une chance, puisqu'elle allait ouvrir les portes de la future École de Droit à des publics d'une grande diversité. En effet, les étudiants inscrits à Sciences Po depuis le baccalauréat y suivent désormais un cursus de cinq ans. Les deux premières y sont réservées à une formation généraliste qui mêle droit, sciences politiques, économie, histoire, relations internationales et sociologie, alors que la troisième est effectuée à l'étranger, le plus souvent dans l'un des départements d'une université partenaire. À l'issue des ces trois années au sein du « collège universitaire » de Sciences Po (le premier cycle des études supérieures), les étudiants sont titulaires d'un diplôme de « *bachelor* ». Ils ont alors la possibilité de quitter Sciences Po ou d'y poursuivre leurs études pour y acquérir, durant un nouveau cycle de deux années d'études, un savoir à vocation plus directement professionnelle au sein d'une multitude de « masters » – qui sont progressivement regroupées au sein d'écoles (de journalisme, de la communication, d'affaires internationales, etc.). À ce stade, ils sont rejoints par d'autres étudiants eux-mêmes titulaires d'un premier cycle d'études supérieures poursuivi au sein d'un autre établissement, quel qu'il soit (université ou grande école, en France ou à l'étranger) et dans quelque domaine que ce soit, sans la moindre exclusive : des mathématiques à la philosophie en passant par des études d'ingénieur ou d'arts plastiques.

La création d'un cursus juridique complet ne pouvait donc exister qu'au stade du second cycle des études supérieures, ce qui constituait en soi une petite révolution dans le contexte français où les études de droit commencent en principe dès le début du premier cycle universitaire, autrement dit immédiatement après l'obtention du baccalauréat.

Hors cette spécificité institutionnelle, qui ne manquerait pas d'avoir son importance, il fallait imaginer un curriculum propre à former des juristes aptes à entrer dans le monde professionnel (ou à poursuivre dans la voie académique) après deux années de master seulement – dénommés master 1 (la quatrième année d'études supérieures) et master 2 (la cinquième année).

Deux années et non pas trois, car les étudiants de Sciences Po obtenant leur diplôme à l'issue du master 2 n'ont aucune envie de rester une troisième année dans les locaux de la rue Saint Guillaume qu'ils fréquentent parfois depuis cinq ans, en même temps que Sciences Po n'a pas les moyens de les obliger à rester une année supplémentaire (le master 2 sanctionnant 5 et non 6 années d'études supérieures). Et cela d'autant moins que la plupart d'entre eux réussissent concours (d'entrée à l'ENM) et examens (d'entrée aux écoles de formation du barreau) auxquels ils sont inscrits. Une réussite qui les oblige d'ailleurs à poursuivre leur formation professionnelle pendant encore 18 mois (le barreau) ou 33 mois (la magistrature), du moins si ces étudiants ne décident pas d'intégrer la vie professionnelle directement après avoir obtenu leur diplôme, ce qui est par exemple le cas lorsqu'ils se destinent aux mondes de l'entreprise ou poursuivent ailleurs leurs études, le plus souvent à l'étranger – en choisissant pour la plupart de compléter leur cursus par l'obtention d'un *master of laws* (LL. M.) d'une université américaine ou anglaise, mais aussi en France au sein de divers masters 2.

En définitive, l'arrêté de mars 2007 constituait l'occasion à peu près unique d'inciter les enseignants de Sciences Po, professeurs d'université qui avaient souhaité quitter les facultés de droit, à réfléchir à la création d'un cursus aux contours inédits – un cursus qui correspondît à leurs intentions intellectuelles et qu'ils allaient pouvoir construire à peu près librement, en partant d'une feuille blanche, leur seule contrainte tenant au fait qu'ils allaient devoir l'imaginer en principe sur deux années pour des étudiants d'ores et déjà diplômés de l'enseignement supérieur.

On aurait pu penser que cet auditoire particulier allait avoir des conséquences sur la nature du projet pédagogique de l'École. Placer l'enseignement du droit au sein d'un premier cycle d'études supérieures peut en effet laisser croire que cet enseignement aura une vocation plutôt généraliste, le droit pouvant y être conçu comme un élément parmi d'autres des « humanités ». Le réserver au second cycle peut en revanche lui conférer une portée plus directement professionnelle. Pour autant, un regard plus précis sur l'offre pédagogique dans différents pays comparables au nôtre laisse penser que les choses sont un peu plus complexes, car la localisation de l'enseignement du droit en second cycle ne lui octroie pas nécessairement une vocation exclusivement professionnelle. Et il en va de même du regard que nous pouvons porter sur notre propre tradition : le fait que cet enseignement relève du premier cycle universitaire ne lui confère pas tout à fait une vocation généraliste ; la part de la professionnalisation y est d'ores et déjà présente – à moins que ce ne soit la part des « humanités » qui en soit assez largement absente.

La création d'un nouveau cursus juridique impliquait donc d'analyser de manière assez précise les différents modèles de formation existants, et plus encore le modèle français. Ne serait-ce que pour savoir si la nouveauté constituée par la création d'une École de Droit au sein de Sciences Po présentait un quelconque intérêt.

Néanmoins cet état des lieux ne suffisait pas : il fallait en outre élaborer un projet pédagogique propre à répondre au projet intellectuel que ses concepteurs avaient à l'esprit. Son inscription en second cycle des études supérieures lui conférant *a priori* une vocation plus directement professionnelle devait aussi les inciter à regarder de près les attentes des milieux professionnels. Mais celles-ci n'impliquaient pas d'elles-mêmes le choix d'un type de formation juridique durant les deux années du cursus. Non seulement parce que les attentes de ces professionnels sont contrastées et parfois imprécises, puisqu'ils n'exercent pas tous les mêmes métiers ni ne savent souvent quelle sera exactement leur pratique dans une ou deux décennies, mais aussi parce que la création de l'École de Droit ne pouvait pas totalement s'abstenir du contexte institutionnel français, qui réserve la formation professionnelle de certains juristes à des institutions spécifiques (ENM, écoles du barreau, etc.).

Élaborer un projet pédagogique impliquait en définitive de regarder du côté des mondes professionnels et de prendre en considération le contexte institutionnel français, mais aussi de s'inspirer des expériences multiples et diverses qui sont aujourd'hui menées à travers le monde et des réflexions non moins multiples publiées au sein de très nombreux articles et livres dont la plupart sont hélas inconnus du public des juristes français.

C'est à ce programme de travail que s'attachèrent les concepteurs de l'École de Droit de Sciences Po. Tout d'abord en débattant avec de nombreux et très divers professionnels du droit, qui leur firent part de l'évolution rapide et contrastée de leurs métiers respectifs, mais aussi de leurs interrogations multiples sur l'avenir incertain des professions juridiques. Ensuite en recueillant les avis de nombreux collègues étrangers de tous les continents qui leur expliquèrent dans le détail leurs propres systèmes pédagogiques et scientifiques – ce qui permit aux concepteurs du projet de prendre une nette conscience du fait que de nombreux pays modifient actuellement leurs cursus, que ce soit aux États-Unis ou au Canada, dans différents pays du continent sud-américain, au Japon, en Corée du sud ou en Chine, mais aussi en Australie ou encore dans certains pays de l'Europe continentale qui tentent des expériences nouvelles – en Italie, en Espagne, en Allemagne ou aux Pays-Bas. Puis une fois un projet d'architecture générale déterminé, celui-ci fut soumis à une commission d'experts présidée par l'avocat Jean-Michel Darrois (qui finissait de présider la mission chargée par le Président de la République de moderniser les professions juridiques) et composée tout à la fois de praticiens du droit, d'universitaires étrangers et de membres de la direction générale de Sciences Po.

Le projet initial ne ressortit pas totalement indemne des réunions de la commission. Celle-ci se plongea à nouveau dans de passionnants débats où tous les participants apprirent beaucoup les uns des autres et échangèrent librement, toujours autour d'une même question – simple à énoncer, mais formidablement complexe à résoudre : qu'est-ce qu'un juriste et comment le forme-t-on ? Ce qui permit à cette commission d'émettre des critiques et de formuler des suggestions dont plusieurs ont été reprises dans le projet final qui allait bientôt être mis en œuvre, l'École de Droit ayant ouvert ses portes en septembre 2009.

* *
*

Voici donc ce que sera l'objectif de cet essai volontairement court et épuré de certaines références afin d'être lu par le plus grand nombre de personnes, pas seulement par celles qui appartiennent au milieu universitaire : présenter l'École de Droit de Sciences Po, son projet intellectuel et institutionnel, dans le contexte français, mais aussi dans une perspective plus large.

Cette présentation commencera par une analyse minutieuse de la manière dont s'est constitué ce qu'on peut appeler le modèle français de formation des juristes. Celui-ci est le produit de certains choix intellectuels et d'une construction institutionnelle qui trouvent à mon sens leur origine dans le mouvement – réel ou supposé – de rénovation de la pensée juridique française du premier tiers du XXe siècle. Il constitue en quelque sorte l'expression d'un compromis puisque s'y succèdent, du moins en principe, une formation initiale de longue durée (quatre ou cinq ans) au sein des facultés de droit où est privilégié l'apprentissage de la « technologie juridique » (je reviendrai sur le choix de cette expression), puis une période de formation à vocation professionnelle, le plus souvent prise en charge par les différents milieux professionnels (avocats, magistrats, notaires, etc.).

Si ce modèle s'apparente peu ou prou à d'autres traditions qui ont une même culture en partage (l'Allemagne, de nombreux pays d'Amérique du Sud, les pays du Maghreb, etc.), il se distingue nettement de deux autres modèles que je présenterai ensuite plus brièvement. D'une part, le modèle anglais, radicalement à l'opposé du modèle français parce que les Anglais ont été longtemps convaincus qu'il était inutile d'apprendre le droit au sein d'une faculté de droit et que la pratique du droit devait suffire à un esprit cultivé pour devenir juriste. D'autre part, le modèle américain, lui aussi éloigné du modèle français, mais pour des motifs très différents : non seulement parce que les juristes américains sont de lointains héritiers de la grande secousse réaliste que connurent les écoles de droit aux États-Unis durant les premières années du XXe siècle, qui les a fait s'éloigner de notre conception technologique du droit et de son enseignement, mais encore parce que ces écoles mêlent en leur sein des enseignements théoriques (d'une facture différente des nôtres) et un apprentissage professionnel (que les facultés de droit françaises ont délégué à d'autres).

Après avoir analysé le modèle français de formation des juristes, qui constitue l'expression d'un compromis, après l'avoir comparé aux deux autres modèles anglais et américains, qui sont autant de modèles concurrents, j'aborderai une question centrale : quels juristes entendions-nous former ? Et je l'aborderai en commençant par m'interroger sur les attentes des praticiens. Ce qui exigera de faire un détour par une courte réflexion sur la diversité des métiers du droit et l'évolution de sa pratique. Car il ne fait à mes yeux aucun doute que l'un et l'autre connaissent aujourd'hui des changements notables qui doivent exercer une influence sur la manière de former des juristes. Pour s'en tenir à deux exemples, la banalisation de certains services juridiques réduits à l'état de *commodities* d'un côté, le mouvement de globalisation du droit qui fait exploser les systèmes nationaux tout en mettant les juristes du monde entier en concurrence les uns avec les autres de l'autre, ne peuvent laisser indifférents.

Ce sera alors seulement que je serai en mesure de présenter le projet intellectuel ayant sous-tendu la création de l'École de Droit de Sciences Po. Car je souhaiterais que mes lecteurs aient à l'esprit, contrairement à ce que j'ai pu très souvent lire ou entendre, que cette création n'a pas correspondu à la seule volonté de prendre une part de marché des grands cabinets d'avocats de la place de Paris qui revenaient en quelque sorte de droit à certaines universités parisiennes. Elle a tenu principalement à la volonté d'élaborer un projet intellectuel différent de celui qui l'emporte à peu près de manière uniforme au sein des facultés de droit françaises depuis maintenant près d'un siècle. En un mot, nous verrons que ce projet tourne autour d'un dépassement du modèle « technologique » dominant et de tout ce qu'il implique.

Ce sont précisément par les implications institutionnelles du projet intellectuel de l'École de Droit que je terminerai cet ouvrage. Il s'agira d'aller un peu plus en détail dans l'exposé de l'aspect en quelque sorte « architectural » du projet en répondant à une multitude des questions : comment s'articule la formation des étudiants au cours des deux ou trois années qui lui sont consacrées ? Comment sont recrutés les enseignants qui participent au projet pédagogique ? Comment peut-on forger une communauté universitaire autour de ce même projet ? Quel est le sens des alliances conclues avec des partenaires étrangers ? etc.

Cet essai sera donc divisé en cinq chapitres respectivement consacrés au compromis français, à l'analyse de ces deux modèles concurrents de formation que sont les systèmes anglais et américains, à une interrogation sur les attentes des praticiens, à la présentation du projet intellectuel de l'École de Droit, et enfin à la description de son design institutionnel.

Après la publication de ce livre – dont je répète qu'il est volontairement court – viendra peut-être le temps du débat et de la critique. Mais d'un débat qui s'appuiera désormais, du moins faut-il l'espérer, sur quelques éléments d'information précis, ce qui ne fut pas le cas ces dernières années, tant on a écrit de choses fausses ou mal informées ou fort malveillantes sur l'expérience actuellement menée au sein de l'École de Droit de Sciences Po. Expérience n'est peut-être d'ailleurs pas le mot le plus exact, les mots d'« expérimentation », pour parler comme Dewey, ou de « fabrique », en hommage à Bruno Latour, en l'occurrence directeur scientifique de Sciences Po[6], apparaissant plus appropriés. Car c'est en définitive cela que veut être cette École qui entend sans cesse évoluer (au point que ce livre pourrait être assez rapidement dépassé) : à l'image de Sciences Po pour l'enseignement supérieur, un laboratoire d'idées et de pratiques en matière pédagogique[7].

Néanmoins, pour exprimer cette idée, c'est l'expression « cuisine du droit » que j'ai en définitive retenue en guise de titre (laissant celui d'expérimentation au sous-titre). Elle avait été employée méchamment par le professeur Philippe Malaurie pour caractériser l'École de Droit au moment de sa création[8]. Celui qui avait présidé il y a déjà longtemps le jury qui me reçut agrégé ne savait sans doute pas qu'il n'aurait pu rendre plus bel hommage à ce que nous étions plusieurs à imaginer. En effet, la cuisine ne ressemble pas à un monde gris et triste, elle est plutôt l'expression d'un art coloré, populaire et festif ; et ce sont dans des cuisines pleines de marmites bouillonnantes que l'on

6. B. Latour, *La fabrique du droit*, La découverte, 2002.

7. V. pour l'institution en général, R. Descoings, *Sciences Po de La Courneuve à Shangai*, Presses de Sciences Po, 2007.

8. Ph. Malaurie, « La nouvelle École de droit de Sciences Po : l'École des cuisiniers du droit », *Dr. & patr.* n° 187, déc. 2009, Actualité.

expérimente, tâtonne, touille, goûte, remue, mélange une multitude d'ingrédients avec pour objectif de créer les meilleurs plats possibles en vue de réjouir ses hôtes dans le suprême espoir d'atteindre les sommets de la grande cuisine !

Chapitre 1

Le compromis français

La personne qui commence à s'intéresser aux questions de formation dans le domaine juridique et cherche à se documenter constate rapidement l'existence d'un réel contraste entre les publications françaises et étrangères. En comparaison de ce qui se publie à l'étranger, et plus spécialement dans les revues en langue anglaise, ces questions intéressent assez peu les juristes français. On trouve certes des rapports rédigés à intervalles réguliers sur le sujet à la demande de tel ou tel ministre[1] et quelques actes de colloques, dont certains sous l'égide

1. V. récemment, le rapport remis en avril 2002 à M. Jack Lang par une « Commission de Réflexion sur les Études de droit » présidée par Antoine Lyon-Caen, les 77 *recommandations pour l'enseignement du droit* émises en janvier 2007 par un « groupe de travail sur l'enseignement juridique » dirigé par Didier Truchet, et encore le *Rapport relatif à la mise en place d'une formation commune afin qu'émerge une communauté de juristes cohérente et de haut niveau* remis le 1er mars 2010 par Bernard Teyssié, alors président du nouveau Conseil national du droit (créé par le décret n° 2008-420 du 29 avr. 2008), au garde des Sceaux et au Ministre de l'Enseignement supérieur, ce texte faisant suite au rapport sur les professions du droit remis en avril 2009 par Jean-Michel Darrois au Président de la République, qui comportait un titre consacré à l'instauration d'une formation commune aux différents professionnels du droit.

d'associations diverses et le plus souvent éphémères – qui se souvient encore du catalogue de six ouvrages de l'association pour une fondation nationale des études de droit parus dans les années 1990 ? On trouve aussi quelques textes épars rédigés sur la question dans diverses revues et quelques mélanges offerts à tel ou tel professeur. Ou encore une série d'articles sur l'enseignement du droit – de nature principalement historique – dans les numéros inauguraux des *Annales d'histoire des facultés de droit et de la science juridique* (en 1985 et 1986), outre un échange de vues – qui ne connut aucune suite – sur l'enseignement du droit civil dans la *Revue trimestrielle de droit civil* en 1998. À quoi l'on peut ajouter quelques thèses, de facture très académique, sur l'histoire de telle ou telle faculté de droit. De même que les diverses réflexions menées durant les années 1970 et 1980 par le groupe « Critique du droit » qui était en partie né de l'insatisfaction de ses membres à l'égard de la pédagogie dominante dans les facultés de droit[2].

À dire vrai, prétendre que la France ne soutient pas la comparaison n'est pas tout à fait exact. Il serait plus précis de dire qu'elle ne la soutient plus. Il fut en effet une époque où les questions pédagogiques agitèrent grandement les esprits : à peu près entre les années 1880 et 1930 qui caractérisent

2. V. dans cette optique, J. Gatti-Montain, *Le système d'enseignement du droit en France*, PU Lyon, coll. « Critique du droit », 1987. – *Adde*, J. Chevallier, « "Critique du droit" et la question de l'enseignement du droit », *in* X. Dupré de Boulois et M. Kaluszynski (dir.), *Le droit en révolution(s) – Regards sur la critique du droit des années 1970 à nos jours*, LGDJ, 2011, p. 103 *sq*.

« l'ère des trublions » (pour André-Jean Arnaud) ou des « juristes inquiets » (selon l'expression employée en 1929 par Cuche). Succédant à plusieurs générations de dissidents extérieurs aux facultés de droit (Jourdan, Wolowski, Foelix ou Laboulaye), les juristes universitaires de la IIIe République se sont beaucoup interrogés sur l'enseignement du droit. Pour y fustiger plus spécialement la domination du droit civil, dont l'enseignement l'emportait depuis la restauration des écoles de droit en 1804. Pour y critiquer une méthode d'exposition du droit qui exigeait du professeur qu'il commentât devant ses étudiants les articles du Code Napoléon les uns après les autres pendant les trois années de licence. Des critiques – et autant de propositions – qui aboutirent à de multiples réformes : des décrets de 1877 (qui rendit obligatoire l'enseignement de l'économie politique), 1880 et 1884 (augmentant la part réservée à l'économie politique et au droit public durant les années de licence), 1885 et 1889 (mettant respectivement le droit international privé et le droit international public au programme des facultés de droit) jusqu'aux décrets de 1922 (sur la licence en droit) et de 1925 (sur le doctorat), en passant par le très important décret du 30 avril 1895 (réorganisant les études juridiques, licence et doctorat) et l'arrêté du 23 juillet 1896 (divisant l'agrégation en quatre sections). Or toutes ces réformes et d'autres encore, la plupart des réflexions méthodologiques et la plus large fraction des expériences pédagogiques de l'époque (sur l'introduction, inspirée de ce qui se faisait en Allemagne, de travaux pratiques et de conférences faites aux étudiants dans de nouvelles salles de travail vers 1900, ou encore sur la tentative d'importation de la méthode des cas américaine durant les années 1920), trouvaient leur réceptacle dans une revue d'une grande richesse, mais aujourd'hui oubliée : la *Revue internationale de l'enseignement* publiée par l'association de l'enseignement supérieur. Les travaux des juristes y tenaient une place de choix et l'on y trouve par exemple de nombreuses études de droit comparé, dont beaucoup sur l'Allemagne qui constituait un modèle à la fois honni, en raison de la revanche à prendre après la défaite de 1870, et admiré pour le caractère réellement « scientifique » des études de droit.

Il y eut donc bien une époque où l'on débattit beaucoup en France d'enseignement et de formation des juristes – en même temps que l'on mettait à la question la conception du droit dominante à la fin du XIXe siècle. Et je crois que l'on peut dire, à la suite de Jean-Jacques Gleizal, que de cette époque, de cette masse considérable et disparates de réflexions, de cet ensemble de réformes, « *date la constitution moderne des facultés de droit* »[3]. Les réformes qui ont suivi sous les IVe et Ve Républiques n'ont en effet pas changé grand-chose au modèle tel qu'il s'est mis en place durant cette période.

En d'autres termes, il m'apparaît que le sort de cet enseignement s'est décidé durant les premières décennies du XXe siècle. Plus précisément, il

3. J.-J. Gleizal, « L'enseignement du droit, de la doctrine et l'idéologie », in *Pour une critique du droit*, PU Grenoble & Maspero, 1978, t. 1, p. 98.

pourrait s'être joué sur deux axes, si ce n'est en deux temps. Sur un plan intellectuel, certains universitaires ont, à la charnière des XIXe et XXe siècles, fait le choix d'un modèle « doctrinal » ou « technologique » du droit et de son enseignement. Et ce choix a été puissamment relayé par l'organisation institutionnelle des facultés de droit. L'existence d'une agrégation nationale, mais aussi d'un fort centralisme, qui rend plus difficiles les expériences diverses et le pluralisme des idées, a permis de répandre ce modèle de manière à peu près uniforme sur l'ensemble du territoire. À quelques nuances près, toutes les facultés de droit françaises se rattachent à un unique modèle de formation et d'enseignement – ce que dénonçait déjà Appleton en 1891[4]. Or, nous le verrons, ce choix a repoussé à l'extérieur des universités une formation à vocation plus directement professionnelle. Pour le dire en un mot, les principales professions du droit (avocat, notaires, magistrats, etc.) ne se sont pas satisfaites de ce modèle et de la manière dont il a été mis en œuvre, et elles ont souhaité le compléter par d'autres types de formation propres à permettre l'exercice spécifique de leurs professions. C'est cela qui a abouti à la constitution du modèle français de formation : un modèle qui distingue, d'un côté une formation universitaire de facture doctrinale ou technologique, de l'autre des formations à vocation

4. Ch. Appleton, « Observations sur la méthode dans l'enseignement du droit en général et du droit romain en particulier et sur les réformes adoptées en 1889 », *Rev. int. de l'enseignement*, t. 21, 1891, p. 251 : « *Ce qui nous a fait le plus de mal, c'est ce fétichisme de la symétrie, de l'uniformité : c'est proprement le mal français* ».

professionnelle qui se situent pour l'essentiel hors de l'université. Mais voyons d'abord comment s'est construit le modèle sur un plan intellectuel avant d'analyser la façon dont il s'est cristallisé sur un plan institutionnel.

A. Une construction intellectuelle

Quand il faut tenter de comprendre ce qui est au fondement du modèle actuel de formation des juristes français, la chronologie peut certes commencer avec les codes napoléoniens, mais elle doit faire l'objet d'une coupure à la fin du XIXe siècle : c'est à cette époque que se joue notre présent sur fond d'une crise majeure que l'on peut qualifier de crise des méthodes d'interprétation des codes. C'est cette crise qui constituera notre ligne de partage : elle nous permettra d'opérer une distinction entre la quiétude de l'enseignement sous l'empire des codes et les tourments que cet enseignement a fini par susciter après un peu moins d'un siècle de domination.

La quiétude de l'enseignement du droit sous l'empire des codes

Nous savons que les vieilles facultés de droit d'Ancien Régime sont à peu près à l'abandon au moment où les révolutionnaires décident de les supprimer en 1793 : les professeurs n'y font guère leurs leçons et les étudiants ne s'y rendent plus en masse. Mieux vaut apprendre le droit chez un praticien plutôt que d'aller y suivre, en latin, de vagues enseignements de droit romain et de droit canon, les leçons de droit français étant à peu près négligées.

Lorsque les écoles de droit sont réorganisées en 1804 (par la loi du 22 ventôse an XII), les cours de droit canon sont supprimés et le droit romain n'y occupe plus qu'une place secondaire. Ce que veut désormais favoriser le pouvoir impérial, c'est l'apprentissage du Code Napoléon. Celui-ci formera l'essentiel des leçons dispensées au cours des trois années de licence.

Fait significatif : à défaut de locaux propres, certaines écoles sont situées dans les Palais de Justice et toutes sont placées sous l'autorité du Grand Juge, autrement dit du ministre de la Justice, avant d'être il est vrai rattachées au Conseil de l'Université en 1808. Dans le même temps, la loi de ventôse précise que nul ne pourra exercer les fonctions de juge et de commissaire du gouvernement dans tous les tribunaux, d'avocat près les tribunaux et d'avoué près le tribunal de cassation s'il n'est licencié en droit – échappent à la règle en particulier les notaires, dont la profession a été réorganisée l'année précédente (par la loi du 25 ventôse an XI), parce qu'ils sont plus proches des greffiers que des juges. Dès leur rétablissement, les écoles de droit ont donc pour objet de former les futurs praticiens du droit, et plus encore du Palais. Au premier regard, elles ont une vocation professionnelle. Ce point est capital ; il animera les débats sur l'enseignement du droit tout au long du XIXe siècle et jusqu'aux premières années du XXe siècle.

La grande question qui va agiter les esprits juridiques sur plus d'un siècle est en effet celle-ci : les facultés de droit ne sont-elles que des facultés professionnelles ou ont-elles aussi, voire surtout, une vocation proprement scientifique (le mot étant doté de sens divers) ? Avec en arrière-plan, un autre débat, non plus scientifique mais politique : celui du degré de liberté qu'il faut réserver aux professeurs et à leurs étudiants[5]. Ce qui explique que les enseignements de droit public ou d'économie politique seront longtemps absents des facultés de droit avant d'y connaître des mouvements de flux et de reflux. Ce qui explique aussi la part prépondérante que la technique occupera longtemps dans les enseignements juridiques – sa fonction première étant de présenter le droit de la manière la plus apolitique possible.

Ce débat n'a pas lieu sous le régime napoléonien qui exige des juristes qu'ils soient seulement de bons exécutants et de leurs professeurs des répétiteurs du catéchisme impérial que sont les codes[6]. Il commence sous la Restauration avec le projet de

5. Il existe une multitude d'incidents politiques qui émaillent la vie estudiantine durant tout le XIXe siècle. V. par exemple, pour un recensement des incidents survenus durant la seule année 1823 dans les facultés de droit de province, G. Vauthier, « Les étudiants en droit en 1823 », *Rev. int. de l'enseignement*, t. 63, 1912, p. 264 *sq.*

6. On se souvient des mots de Taine dans *Les origines de la France contemporaine* (Hachette et Cie, t. 11, 1904, pp. 257-58) : « *Quand Napoléon se prépare des juristes, c'est pour avoir des exécutants, non des critiques. Les facultés lui fourniront des hommes capables d'appliquer les lois, non de les juger. Par suite, dans l'enseignement du droit tel qu'il le prescrit, point d'histoire, ni d'économie politique, ni de droit comparé... rien pour faire voir et toucher, à travers la loi, le corps social auquel elle*

réforme de l'enseignement du droit à la Faculté de Paris en 1819[7]. Ses deux principaux instigateurs que sont Royer-Collard et Cuvier reprochent à cet enseignement une orientation trop étroitement exégétique et exclusivement pratique. En un mot, ils soutiennent qu'il est insuffisamment « scientifique » pour former des « jurisconsultes éclairés » ou des « législateurs vraiment habiles »[8]. Seront donc ouverts un certain nombre de cours nouveaux que devront suivre les étudiants en sus de ceux qui leurs sont dispensés : éléments du droit naturel, du droit des gens et du droit public en général ; droit public positif et droit administratif français ; histoire philosophique du droit romain et du droit français ; économie politique. À l'instar du doyen Delvincourt et pour des motifs parfois triviaux (qui peuvent tenir à leur rémunération), la plupart des professeurs de la Faculté de droit de Paris, dominée par les civilistes, ne sont guère favorables au projet, pas plus que le pouvoir politique issu des élections de novembre 1820 qui entend subordonner l'instruction publique aux affaires ecclésiastiques. En 1822, il n'est déjà plus question de réforme : on en revient à la délivrance de

s'applique... rien que deux codes secs et rigides comme deux aérolites tombés du ciel ».

7. V. récemment, sur les débats qui ont lieu durant cette période, M. Touzeil-Divina, « Utopie, politique et réalisme : l'article de revue critiquant l'enseignement du droit et projetant sa réforme sous la Restauration et la monarchie de Juillet », *Rev. d'histoire des facultés de droit et de la culture juridique*, n° 31, 2011, p. 81 *sq.*

8. M. Ventre-Denis, *Les sciences sociales et la faculté de droit de Paris sous la restauration – Un texte précurseur : l'ordonnance du 24 mars 1819*, Aux Amateurs de Livres, 1985, pp. 30-31.

connaissances positives et usuelles. L'expérience, qui devait s'étendre à la province, a fait long feu.

En dépit de la création de chaires, dont certaines sont éphémères, tout au long du XIXe siècle, les autorités publiques ne s'intéresseront à nouveau à la question de l'enseignement du droit qu'en 1838, puis en 1870. Et à chaque fois les réformateurs (Salvandy puis Duruy) auront la volonté d'ouvrir l'esprit des juristes en introduisant des cours de sciences économiques et administratives, à l'imitation de ce qui se fait en Allemagne.

Ces projets ne changent cependant à peu près rien à ce qui s'enseigne dans les facultés de droit. Celles-ci ont d'abord pour vocation de former des gens de robe, même si elles accueillent aussi des fils de famille qui viennent y acquérir des rudiments de droit avant de reprendre les affaires familiales. Et les gens de robe ne sont ni des législateurs ni des jurisconsultes : il s'agira toujours de leur inculquer un savoir technique dans les matières censées les intéresser, au premier rang desquelles figurent les codes (civil, de procédure civile de 1806, de commerce de 1807, d'instruction criminelle de 1808, pénal de 1810). En revanche, les administrateurs n'y ont pas leur place. Ce qui explique, au moins pour partie, que les sciences administratives ou l'économie politique en seront à peu près absentes.

Quant à la manière d'enseigner, elle n'est guère marquée du sceau de l'ouverture. Il est devenu courant aujourd'hui de vanter les mérites de l'école de l'exégèse ou prétendue telle en relevant que ses représentants n'étaient pas aussi étroits d'esprit que leurs successeurs l'ont soutenu à la fin du XIXe siècle. Il y a une part de vérité dans cette affirmation, mais à la condition de prendre soin de distinguer les volumineux traités de l'enseignement oral. Si ces traités font preuve d'une assez grande ouverture d'esprit (avec des variations certaines suivant les auteurs et les périodes), il faut néanmoins relever que leur vocation n'est pas toujours pédagogique, leur auditoire étant principalement composé de praticiens. Les étudiants (4 700 en 1846, dont plus de 3 000 à Paris) doivent plutôt se contenter des enseignements dispensés, dans des amphithéâtres plus ou moins vastes, sous la forme de leçons délivrées par des professeurs en toge que complètent des conférences ou répétitions dont l'objet principal est de préparer les étudiants à leurs examens[9]. Or les rares échos sur ces leçons orales qui sont venus jusqu'à nous ne sont guère réjouissants. Même s'il est peut-être atypique, Flaubert est parfois cité, car sa correspondance regorge de notations sur ses années d'étudiant à la Faculté de Paris au début des années 1840 et les tonnes d'ennui qu'elles engendrent[10]. Or il y signale qu'il travaille directement sur les articles du Code civil qu'il complète par les

9. V. sur ce thème, J.-J. Bienvenu, « Politique et technique de l'encadrement rapproché de l'étudiant », *Annales d'histoire des facultés de droit et de science juridique,* 1985, n° 2, spéc. pp. 144-145. – *Adde*, J.-H. Robert, « Le cours magistral », *Annales des facultés de droit*, 1985, p. 135 *sq*.

10. V. de manière générale, sur la Faculté de droit de Paris durant cette période, C. Lecomte, « La Faculté de droit de Paris dans la tourmente politique, 1830-1848 », *Rev. d'histoire des facultés de droit et de la science politique*, 1990, p. 59 *sq*.

explications qu'en donnent ses professeurs – les principaux jurisconsultes de l'époque : Duranton, Valette, Oudot, Bugnet, Ducaurroy[11].

Il faut attendre la cinglante défaite contre la Prusse et plus encore l'avènement de la IIIe République pour que des réformes générales et importantes voient le jour après que plusieurs enquêtes auront été menées auprès des facultés de droit par le ministère de l'Instruction publique en 1872, 1875 et 1878.

Parmi les nombreux débats qui ont lieu à l'époque, il en est un qui mérite une mention spéciale, car il concerne la création de l'École libre des sciences politiques en 1872. Durant plus de deux décennies, il opposera Bufnoir, l'un des maîtres parisiens de la nouvelle génération des civilistes, à Boutmy, le fondateur de l'École libre. Les termes en sont intéressants : à plus d'un siècle de distance, un des arguments au moins avancé par Bufnoir ressemble à ce que soutiendront les membres des facultés de droit pour contester l'arrêté de 2007 autorisant les étudiants de Sciences Po à se présenter

---

11. V. en particulier, G. Flaubert, *Correspondance I*, Gallimard, Pléiade, 1973, p. 95 (« *Pour moi depuis six semaines il m'est impossible de rien bâtir en quoi que ce soit. Et pourtant j'ai commencé le Code civil dont j'ai lu le titre préliminaire que je n'ai pas compris...* »), ou p. 105 (« *Tu me demandes de longues lettres, j'en suis incapable, le Droit me tue, m'abrutit, me disloque, il m'est impossible d'y travailler. Quand je suis resté trois heures le nez sur le Code, pendant lesquelles je n'y ai rien compris, il m'est impossible d'aller au-delà, je me suiciderais...* »), ou encore p. 135 (« *Ils* [*les codificateurs*] *ont fait quelque chose d'aussi sec, d'aussi dur, d'aussi puant et d'aussi platement bourgeois que les bancs de bois de l'École où on va se durcir les fesses à en entendre l'explication* »).

à l'examen d'entrée aux écoles du barreau[12]. Bufnoir affecte de penser que l'École libre n'est qu'une simple école d'application, alors que les facultés de droit délivreraient seules une instruction générale et théorique fondée sur l'indispensable et difficile apprentissage du raisonnement juridique. La science serait ainsi de leur côté.

Or il y a une part d'exagération dans le propos de Bufnoir et Boutmy aura beau jeu de lui rappeler les lacunes des programmes des facultés de droit : un droit romain en régression, une histoire du droit qui y tient une place secondaire (malgré les efforts répétés de plusieurs générations de juristes en vue de sa promotion – de Jourdan à Laboulaye), ou encore une théorie générale du droit totalement absente[13]. Mais cela n'y change rien : pour des raisons stratégiques, Bufnoir se prévaut d'une qualité imaginaire qu'il attribue à une institution dont il défend le monopole : tout comme les membres de la nouvelle génération dont il est le grand inspirateur, Bufnoir entend instituer les juristes non plus seulement en praticiens chargés d'appliquer le droit, ce à quoi ils ont été réduits en 1804, mais aussi en législateurs capables de penser ce droit et son évolution. Il ne peut dès lors admettre que les disciplines propres à conférer ce statut aux juristes puissent échapper à l'emprise des facultés de droit. Ce départ signerait un échec de ses ambitions

12. V. *supra*, p. 12 *sq*.
13. V. P. Favre, *Naissances de la science politique en France, 1870-1914*, Fayard, 1989, spéc. pp. 88-89.

qui visent d'ailleurs aussi bien les praticiens du droit que leurs professeurs.

Néanmoins, ce n'est pas cette importante controverse sur le périmètre des facultés de droit qui exacerbera le débat sur le caractère scientifique de l'enseignement du droit. Cette exacerbation viendra du cœur même de ce qui fait la vocation traditionnelle des facultés : la formation des praticiens du Palais aux arcanes du droit privé. Et elle sera en tout premier lieu le produit d'une crise qui commence vers 1880 pour ne s'achever qu'un demi-siècle après : une crise de l'interprétation.

Les tourments suscités par la crise de l'interprétation des codes

Si je devais résumer en quelques phrases le sens de mon propos à venir sur la manière de façonner les modes de raisonnement des juristes, et par contrecoup leur formation, je pourrais dire ceci en empruntant tout à la fois à Saleilles et Carbonnier.

Durant quelques décennies (entre 1890 et 1910), les juristes tentent de transformer le droit, selon l'expression de Saleilles, en une « science du dehors »[14], tant la crise de l'interprétation les déstabilise. Il s'agit pour eux d'aller chercher hors du droit et de la manière des juristes d'appréhender

---

14. R. Saleilles, « Préface » de F. Geny, Méthode d'interprétation et sources en droit privé positif, Chevalier-Marescq et Cie, 1899, p. XII. – V. sur cette expression, F. Audren, « Les professeurs de droit, la République et le nouvel esprit scientifique », Mil neuf cent, t. 29, 2011, p. 13.

les questions juridiques, dans ce qu'ils perçoivent de l'étude empirique des faits, mais aussi dans d'autres disciplines (la sociologie, l'économie politique, la philosophie, etc.) les réponses aux questions nouvelles qu'ils se posent. En d'autres termes, ils promeuvent l'adoption d'une perspective épistémologique étrangère à leurs habitudes en essayant de se départir du point de vue interne qu'ils élaborent eux-mêmes pour décrire et expliquer les phénomènes juridiques – un point de vue compréhensif de la signification propre qu'ils assignent à leurs énoncés quand ils font du droit. Mais bien vite ces mêmes juristes referont du droit une « science du dedans » : il s'agira à nouveau de privilégier le point de vue interne, mais un point de vue interne qu'ils penseront avoir rénové grâce à l'invention doctrinale des « constructions juridiques »[15].

Ce retour au point de vue interne se perçoit de manière emblématique chez le futur doyen Carbonnier qui écrit, dans l'introduction de sa thèse de doctorat soutenue en 1933 : « *il faut partir des faits, mais pour s'élever à la construction juridique* »[16]. Il s'agit là d'une concession faite à la sociologie, car l'auteur admet l'existence de faits qui ne sont pas d'emblée juridiques (ce sont des faits sociaux), ce qui suppose leur traduction en droit. Néanmoins, il ne

15. V. sur la notion de « construction juridique » chez Saleilles, M. Xifaras, « La *Veritas Juris* selon Raymond Saleilles. Remarques sur un projet de restauration du juridisme », *Droits*, t. 47, 2008, spéc. pp. 91-94.
16. J. Carbonnier, *Le régime matrimonial, sa nature juridique sous le rapport des notions de société et d'association*, th. Bordeaux 1933 (repris *in* J. Carbonnier, *Écrits*, PUF, 1re éd., 2008, p. 54).

s'interroge pas plus avant sur ce que cette concession, qui peut s'analyser comme une faille dans le juridisme, selon lequel les faits sont d'emblée exprimables dans le langage du droit, est susceptible de produire, car il referme la porte qu'il vient d'ouvrir en affirmant immédiatement après qu'il faut s'élever aux constructions juridiques. Cette élévation, que caractérise une montée en abstraction, constitue en effet une manière d'affirmer que les réponses aux questions posées se trouvent en définitive dans le droit perçu comme une « science du dedans »[17]. Autrement dit, Carbonnier et plus encore la doctrine de cette époque manquent les tourments du Réalisme, tel qu'il sera bientôt compris par des juristes américains, pour leur préférer une nouvelle quiétude doctrinale[18]. Néanmoins, nous n'en sommes pas encore là. Détaillons plutôt le propos que je viens de tenir, dont j'admets volontiers qu'il peut apparaître abscons dans sa brièveté, en

17. Je prendrai un exemple simple pour faire mieux comprendre ce que j'entends ici exprimer. Quand un juriste affirme que « le droit de propriété consiste dans le droit de jouir de la chose », il signifie que c'est le droit de faire subir tous les usages à la chose, et tous ses homologues l'entendent de cette manière. Une lecture externe au droit, par exemple psychanalytique, ne répudierait pas d'emblée les significations susceptibles d'être assignées « du dehors » à ce même énoncé juridique, c'est-à-dire à partir d'un point de vue qui n'est pas compréhensif du point de vue interne. Or le fait de ne pas répudier ce point de vue externe constitue le moyen de mettre fin aux certitudes du juridisme, voire d'autoriser un discours pluridisciplinaire en droit.

18. Sur ce thème, je me permets de renvoyer à mon article : « Le rendez-vous manqué des civilistes français avec le réalisme juridique. Un exercice de lecture comparée », *Droits*, t. 51, 2011, p. 137 *sq*.

distinguant la tentation d'une science du dehors du retour à une science du dedans.

• La tentation d'une science du dehors

Une partie des juristes français a beau jeu de se plaindre, tout au long du XIXe siècle, de l'absence d'ambition scientifique des facultés de droit, rien n'y fait. L'essentiel du travail qu'elles réalisent relève de l'acclimatation : il s'agit de faire en sorte que les futurs praticiens (avocats et juges pour l'essentiel) sachent manier ces monuments législatifs que constituent les codes, au premier rang desquels figure le Code Napoléon. Néanmoins ce travail d'exégèse réalisé avec plus ou moins de profondeur ne suffit plus après les années 1870 – ou du moins, il ne suffit plus aux yeux des membres de la nouvelle génération de juristes universitaires. La France a changé : elle n'est plus tout à fait ce pays agricole qu'elle était au début du XIXe siècle. Industrialisation et urbanisation massives, troubles sociaux et contestation politique ont engendré de nouvelles interrogations auxquelles, fait nouveau pour les juristes de l'époque, les méthodes classiques d'interprétation ne leur paraissent plus pouvoir répondre. Les civilistes français s'interrogent alors sur la conception individualiste du droit des contrats ou sur la possibilité d'admettre la responsabilité civile du fait des choses fondée sur la théorie du risque, quand ils ne remettent pas en cause un droit de la famille dont certains soutiennent qu'il n'est pas fait pour les ouvriers, ou se prononcent en faveur d'une socialisation du droit des biens, pour ne pas dire du droit civil dans son entier[19]. Sur une foultitude de questions, ils estiment qu'il leur faut innover pour répondre aux impératifs du temps, et la seule exégèse des codes ne leur paraît plus y suffire. Des codes et du droit positif, il leur faut désormais sortir[20].

Ce sera l'affaire d'une nouvelle génération d'universitaires qui, moins liée à la pratique que la génération précédente, remettra profondément en cause les méthodes de cette dernière. Le volumineux ouvrage que publie Geny en 1899, cet essai qui constituera longtemps le bréviaire d'une multitude de juristes, s'intitule de manière significative *Méthode d'interprétation et sources en droit privé positif*. L'auteur y soutient en substance qu'en l'absence de solution fournie par une interprétation restrictive des textes, l'interprète doit s'en affranchir pour aller chercher cette solution ailleurs que dans le droit : dans l'économie politique, l'histoire, la philosophie générale, l'anthropologie, la sociologie naissante, la psychologie sociale... Soudain, le droit n'est plus dans la seule pensée juridique.

Le débat s'emballe et touche toutes les matières – droit public et droit privé confondus. À titre d'exemple, on se souvient encore de la controverse entre Hauriou et Duguit sur la part que doit occuper la sociologie naissante dans les facultés de droit[21]. Or cette controverse ne constitue que la

19. V. de manière emblématique, J. Charmont, « La socialisation du droit – Leçon d'introduction d'un cours de droit civil », *Revue de métaphysique et de morale*, 1903, p. 380 *sq*.
20. V. sur ce thème, F. Audren, art. précité, spéc. pp. 11-12.
21. P. Favre, *op. cit.*, pp. 97-102.

partie la plus visible d'incessants débats sur la part que doivent prendre les sciences sociales dans la formation des juristes. Prenons un seul exemple : en 1927, Gaston Morin (professeur à la faculté de droit de Montpellier) se prononce pour une rénovation de la formation intellectuelle des juges[22]. Pour « *dire le droit* », écrit-il, ceux-ci ne peuvent plus se borner à interpréter grammaticalement les textes, ils doivent au surplus considérer la réalité économique et sociale. Or l'esprit doctrinal et la logique n'y suffisent pas, pas plus que le simple bon sens. L'étude du droit requiert en outre « *celle des conclusions des sciences sociales* ». Et pas seulement au titre de sciences annexes. Morin pousse un peu plus loin le raisonnement et dessine les premiers contours de ce que pourrait être une démarche interdisciplinaire en droit : « *il ne suffit pas que l'enseignement de l'économie politique, de l'histoire, du droit comparé, s'ajoute à l'enseignement du droit français actuel, à titre distinct ; il est nécessaire d'établir un perpétuel contact entre le droit civil et les sciences économiques et sociologiques...* ». Ce qu'il faut en définitive au juge ? Apprendre « *à penser scientifiquement* ».

Ce débat a son pendant institutionnel : pour que cette pensée scientifique imprègne les facultés de droit, il faut absolument les maintenir dans le giron des universités. Naît une autre controverse – qui raisonne encore à nos oreilles[23] – entre ceux qui

22. G. Morin, *La loi et le contrat – La décadence de leur Souveraineté*, Alcan, 1927, pp. 145-159 (les quatre citations qui suivent en sont extraites).
23. J.-M. Darrois, *Vers une grande profession du droit – Rapport sur les professions du droit*, La documentation française, 2009, p. 89, qui

souhaiteraient faire des facultés de droit une annexe du ministère de la Justice (les classiques) et ceux qui entendent absolument les maintenir au sein des universités (les modernes). Et les y maintenir car les juristes auraient le plus grand intérêt à vivre dans la fréquentation des facultés de lettres et de sciences qui participent du caractère scientifique des études juridiques[24].

Cette crise de l'interprétation donnera lieu à l'apparition de ce que la majorité des manuels d'introduction au droit qualifie encore aujourd'hui d'« école scientifique ». Une école qui entend promouvoir la « libre recherche scientifique » (Geny)

---

recommande de soumettre les études de droit à un arrêté conjoint des ministres des universités et de la justice. – *Adde*, H. Croze, « Pourquoi les facultés de droit devront sortir de l'université », *JCP G* 2011, Libres propos, 880.

24. Je ne peux m'empêcher ici de citer un peu longuement un article passionnant d'un professeur à la Faculté de droit de Rennes, Charles Turgeon : « L'enseignement des facultés de droit de 1879 à 1889 », *Rev. int. de l'enseignement*, t. 19, 1891, p. 281 : « *Finalement, on s'habitua si bien à considérer nos Facultés comme de simples écoles professionnelles, et par suite à réduire leur enseignement à l'interprétation de la loi et au commentaire de la jurisprudence, que certains esprits ont pu souhaiter logiquement d'être détachés du ministère de l'instruction publique et annexés au ministère de la Justice. À mon avis, cette séparation entraînerait notre déchéance ; elle est, par bonheur, de moins en moins désirée. Outre que nous avons tout profit à vivre dans la fréquentation des Facultés des lettres et des sciences, il importe que nous restions les membres actifs de l'Université pour conserver à notre fonction le prestige d'un enseignement vraiment supérieur. À la vérité, le faisceau des hautes études serait incomplet sans nous. Mais une telle sécession nous nuirait plus encore : elle serait cause, pour notre corporation, d'un amoindrissement irréparable. Je maintiens, en effet, qu'il existe entre les différentes Facultés des liens de parenté légitime. Séparer le droit de l'histoire et de la philosophie, par exemple, serait un divorce aussi préjudiciable aux études juridiques qu'aux études littéraires* ».

ou une méthode historico-comparative (Saleilles ou Lambert) dans l'interprétation des textes.

Cependant, cette école scientifique n'est pas dénuée d'une double et profonde ambiguïté. La science, dont les juristes de l'époque débattent, ne vise d'abord pas à détacher l'enseignement du droit de la pratique. Il ne s'agit pas de porter sur le droit un regard qu'on qualifierait aujourd'hui d'externe – celui d'un philosophe ou d'un sociologue. Ce débat a lieu par exemple au moment où certains juristes entendent refonder le droit comparé lors du congrès de Paris de 1900 : ses principaux organisateurs ne veulent surtout pas donner une dimension spéculative aux études de droit comparé, ce qu'on appelle à l'époque les « études juridiques comparatives » qui sont spécialement en vogue en Allemagne ; ce qu'ils souhaitent, c'est au contraire mettre le droit comparé au service du droit national et de son évolution. Pour paraphraser Lambert, il s'agit de mettre le droit comparé au service de l'action et non d'en faire simplement une science d'observation ou de découverte[25]. La méthode comparative, qui fait corps avec la science du droit nouvelle, n'entraîne donc pas de rupture avec une vision pratique du droit. Avec cette science nouvelle, il s'agit simplement de pratiquer le droit autrement en se bornant à élargir le domaine des arguments recevables. La vocation professionnelle des facultés de droit peut

25. Je me permets ici de renvoyer à mon article « Le vieux rêve de Saleilles et Lambert revisité », *RID comp.* 2000, spéc. pp. 745-746 (où l'on retrouvera la citation de Lambert).

donc ne pas être remise en cause par l'école scientifique.

À cette première ambiguïté s'en ajoute une seconde. Car on ne sait pas exactement ce qu'il faut entendre par science. Certes la nébuleuse réformatrice de l'époque entend ouvrir le droit aux autres sciences sociales pour en faire ce qu'elle estime être une véritable science. Néanmoins cette ouverture fera long feu pour plusieurs raisons.

D'une part, ces sciences sociales sont souvent jugées trop jeunes et insuffisamment constituées pour apporter des éléments de certitude à l'herméneutique juridique. Il en va ainsi de l'économie politique ou de la sociologie qui ne sauraient prétendre résoudre les questions nouvelles auxquelles les juristes se sentent le devoir de répondre à la fin du XIXe siècle. Aussi ces sciences prendront peu à peu le statut de sciences annexes, ce qui sera une façon tout à la fois de les reléguer aux marges du droit et de les placer sous la tutelle d'une pensée juridique qui peut ainsi conserver son hégémonie, dans la mesure où, du moins aux yeux des juristes, cette pensée s'inscrit dans l'horizon ultime de la description, de l'explication et de la critique du droit existant, mais aussi de la prescription du droit à venir.

D'autre part, les juristes auraient été assez en mal de les intégrer dans le discours juridique et pour cette raison institutionnelle qu'ils n'y étaient pas préparés. La question touche au premier chef les professeurs de droit dont le rôle est essentiel dans la formation des praticiens. Ces professeurs sont recrutés, depuis 1855, par le biais du concours national d'agrégation dont l'instauration a pour objet, non seulement de mettre fin aux nominations ministérielles, mais aussi de hausser et d'harmoniser la qualité de l'enseignement du droit dispensé sur l'ensemble du territoire. Ce concours a eu cet effet d'éloigner de la pratique une fraction de la nouvelle génération de professeurs, celle qui éclot vers 1880, ce qui favorisera précisément l'apparition de l'école scientifique[26]. Mais pour le reste, ce concours est de facture classique : seule la maîtrise des matières réputées juridiques y est valorisée. À peine peut-on concéder aux idées nouvelles le sectionnement du concours d'agrégation qui réserve, à partir de 1896, une place à l'histoire du droit et à l'économie politique aux côtés du droit privé et du droit public (eux-mêmes séparés). Néanmoins ce sectionnement aura cet effet paradoxal de favoriser l'érudition[27] en engendrant des générations de spécialistes au lieu d'insuffler méthode historique ou sciences économiques au cœur même du droit. Ce qui contribuera à un retour à une orthodoxie disciplinaire qui

---

26. V. le propos critique de G. Ripert, « L'avenir des Facultés de droit », *Annales de la faculté de droit d'Aix*, nouv. série – n° 2, 1918, p. 26 : « *Il n'en est pas moins vrai que cet éloignement de la vie des affaires a confiné les professeurs dans une tâche de pur enseignement. Ils représentent la Doctrine. On s'incline très volontiers devant cette incarnation de la science, mais il ne faut pas se dissimuler que ce grand respect aboutit en somme à éloigner les juristes officiels des plaideurs* ».
27. V. en ce sens, P. Legendre, « Les historiens du droit se soumettront-ils au rendement ? Réflexions sur le désir de réforme », *D. S.* 1969, Chron., p. 26, qui soutient que le sectionnement de l'agrégation a ouvert la voie « *aux débordements de l'érudition* », reprenant en cela des propos de Saleilles.

marquera l'échec du projet initial de l'école scientifique.

• Le retour à une science du dedans

Les universitaires français, façonnés par le moule à la fois unique et uniformisant de l'agrégation, ne sont donc pas vraiment préparés à l'introduction des sciences sociales dans l'enseignement du droit, outre le fait qu'ils leur reprochent leur jeunesse. Ce sont là deux raisons majeures qui les inciteront à favoriser un autre discours. Pour tenter de le cerner, prenons le cas emblématique de Geny. Non seulement il s'aperçoit assez rapidement (dès les années 1910) que le recours aux trop incertaines sciences sociales ne fournira pas les réponses aux questions qu'il se pose, mais il réalise du même coup qu'il vient d'ouvrir une boîte de Pandore. En critiquant la méthode de l'exégèse, il prétend certes avoir libéré les interprètes de la tutelle des textes, mais sans pour autant les soumettre à une autre tutelle. Le risque est alors grand, selon lui, que ces interprètes cèdent à une subjectivité dont le pire exemple est peut-être celui du « bon juge » Magnaud et de ses « *déformations morbides* » (sic)[28]. Pour conjurer ce risque, Geny

28. Souvenons-nous que le juge Magnaud est demeuré célèbre pour avoir relaxé une femme, qui avait volé un pain de 23 sous pour nourrir son fils et sa mère, sur le fondement de l'ancien article 64 du Code pénal qui disposait qu'« *il n'y a ni crime ni délit, lorsque le prévenu était en état de démence au temps de l'action, ou lorsqu'il a été contraint par une force à laquelle il n'a pu résister* », et après avoir retenu « *qu'il est regrettable que dans une société bien organisée, un des membres de cette société, surtout une mère de famille, puisse manquer de pain autrement que par sa faute ; que lorsqu'une pareille situation se*

soutient qu'il n'a pas d'autre choix que de valoriser la technique, cette part propre à l'activité des juristes qu'il oppose aux sciences (avant tout sociales) reléguées au rang de sources d'information – autrement dit, de « sciences annexes »[29].

Peut alors grossir la part des principes, théories générales et autres constructions juridiques propres à telle ou telle branche du droit et que caractérisent une montée en abstraction à partir, non pas de l'extérieur du droit, mais essentiellement de ses éléments techniques[30] : pour être acceptables en droit, les analyses doctrinales, les décisions jurisprudentielles ou les réformes législatives devront s'insérer le plus harmonieusement possible dans un système théorique préconstitué dont la doctrine se fait la gardienne sourcilleuse. Les juristes vont du même coup augmenter la part prise par la cohérence dans le discours juridique, une cohérence propre à préserver le droit du chaos. C'est désormais ici que se situe le centre de gravité du caractère scientifique du droit, non plus dans le recours aux sciences sociales censées résoudre notre fameuse crise de l'interprétation.

---

présente et qu'elle est, comme pour Louise Ménard très nettement établie, le juge peut, et doit, interpréter humainement les inflexibles prescriptions de la loi ». – V. récemment, M. Sadoun, *Paul Magnaud ou le bon juge au service du pot de terre*, Riveneuve, 2011.

29. V. plus spécialement, F. Geny, *Sciences et technique en droit privé positif*, Sirey, 4 vol., 1915-1924.

30. V. sur ce trait caractéristique de la doctrine française, R. Libchaber, « Le juriste et ses objets », *Enquête* 7-1998, pp. 251-260.

Cette évolution du discours tenu par une fraction des juristes des années 1900 rencontre immédiatement un écho favorable. Et elle le rencontre pour des raisons politiques rarement mises en avant. Dans leur majorité, les professeurs de droit engagés dans ce mouvement de réforme sont des conservateurs qui regardent de manière circonspecte les réformes de la IIIe République. Or le discours que les rénovateurs de la pensée juridique sont en train d'instituer leur fournit les instruments intellectuels qui leur permettront d'exercer un certain contrôle, et un contrôle qui pourra être qualifié de « juridique », sur l'activité législative, mais aussi jurisprudentiel dans certains domaines (le droit des obligations ou le droit administratif). C'est au nom du Droit (j'y mets volontairement une majuscule) – autrement dit, d'un droit objectivé, non politisé – qu'ils pourront canaliser, voire critiquer les réformes en cours et à venir. En même temps, et de manière beaucoup plus profonde, ce discours leur permet de revenir dans le jeu : alors qu'ils étaient confinés au rôle de formateurs de gens de robe dont la fonction est d'appliquer le droit, et cela au moins depuis le premier Empire, voici qu'ils ont à nouveau les moyens d'exercer un rôle politique, voire de jouer le tout premier parmi ceux qui pensent les rapports sociaux, puisque ce discours a pour objet et de placer les autres sciences sociales sous la tutelle du droit et de faire de celui-ci la science sociale nouvelle, si ce n'est la science sociale par excellence –

ce qui correspond à un projet de « *restauration du juridisme* »[31].

L'écho favorable rencontré par ce nouveau discours s'explique aussi parce qu'il fait sa jonction avec un courant intellectuel parallèle dont on relèvera au passage qu'il trouve mêmement son origine dans l'admiration que les juristes français portent, depuis le début du XIXe siècle, à un modèle universitaire allemand qui a permis aux études de droit d'acquérir un caractère vraiment « scientifique »[32]. Une admiration qui incitera par exemple le grand commercialiste Thaller à écrire, en 1902, qu'« *il n'est pas douteux que la fréquentation des lois et des ouvrages d'Allemagne... communique à l'esprit du légiste beaucoup plus de rayonnement* »[33].

Ce courant dérive plus directement du pandectisme. On y trouve une même critique de la méthode exégétique qui ne se serait pas assez préoccupée de considérations philosophiques. On y trouve aussi une critique de l'orientation professionnelle des facultés de droit françaises. Celles-ci, écrit en ce sens l'internationaliste Despagnet en 1891, ne sauraient former des praticiens dans leurs amphithéâtres, même en multipliant les exercices pratiques : « *Ce n'est donc que la vie vraie, ce ne sont que les*

31. M. Xifaras, « La *Veritas Juris* selon Raymond Saleilles. Remarques sur un projet de restauration du juridisme », art. précité.
32. V. en particulier, G. Blondel : « De l'enseignement du droit dans les universités allemandes », *Rev. int. de l'enseignement*, t. 9, 1885, pp. 432-451 et pp. 521-544 ; t. 10, pp. 39-56 et pp. 89-105.
33. E. Thaler, « Relations entre les professeurs et étudiants », *Rev. int. de l'enseignement*, t. 44, 1902, p. 62.

débats réellement ouverts et non fictivement supposés qui peuvent, en droit, former des hommes pratiques : l'école professionnelle juridique ou administrative est à la barre ou au bureau ». Ce que souhaite Despagnet ? Que la faculté ne s'intéresse pas de trop près à la pratique, parce que c'est « *l'étude théorique du droit, sortant même du cadre étroit de la science qu'on doit spécialement appliquer, qui prépare les meilleurs hommes pratiques* »[34]. Apparaît alors en majesté la science allemande dont l'une des vertus est de fournir une vision systématique du droit qui « *se résume en une classification des diverses branches du droit, suivie de la méthodologie qui leur convient* »[35]. Et de louer les efforts de Victor Cousin pour créer un cours d'introduction au droit en 1840 à la faculté de droit de Paris. Et de citer encore la très germanique *Introduction à l'étude du droit* qu'avait publié en 1856 le professeur strasbourgeois Eschbach.

Or c'est dans cet esprit qu'est paru, l'année précédant la publication du fameux essai de Geny, un volume d'introduction au droit sous la plume d'un jeune professeur grenoblois qui sera bientôt l'un des maîtres des facultés de droit françaises, Henri Capitant[36]. Celui-ci puise à la même source

---

34. F. Despagnet, « La fonction sociale des facultés de droit », *Rev. int. de l'enseignement*, t. 21, 1891, pp. 536-537. – V. sur l'auteur, M. Malherbe, « Défenseur de Thémis et serviteur de Marianne : Frantz Despagnet, juriste polyvalent (1857-1906) », *in* N. Hakim et M. Malherbe (dir.), *Thémis dans la cité*, PU Bordeaux, 2010, p. 107 *sq*.
35. F. Despagnet, art. précité, p. 544.
36. H. Capitant, *Introduction à l'étude du droit civil – Notions générales*, Pédone, 1re éd., 1898. – V. sur l'auteur, D. Deroussin, « La

intellectuelle que Despagnet : il s'agit de présenter aux étudiants qui abordent l'étude du droit une vue synthétique et méthodique de l'ensemble de ses branches ou prétendues telles. Pour les préparer à la pratique, il s'agit de les encourager à revenir aux principes plutôt que de les amener à se perdre dans une exégèse des textes qui interdit d'acquérir une vue d'ensemble.

À certains égards, le livre de Capitant est plus important que celui de Geny – auquel ses successeurs rendront hommage, mais sans jamais vraiment pratiquer la « libre recherche scientifique ». C'est en effet sur son modèle que sont encore aujourd'hui rédigées la plupart des introductions au droit publiées sous la plume des civilistes. Entre l'introduction de Capitant et celles de François Terré[37] ou de Philippe Malaurie[38], il n'existe pas de différence structurelle majeure. Un peu de culture philosophique et historique, mais surtout une multitude de principes, de classifications et d'idées générales sur le droit, ainsi que de nombreux résumés des diverses branches du droit (des obligations, de la famille, des biens, etc.) qui seront déclinées au cours des années suivantes, le tout pour donner à la masse des étudiants une vue d'ensemble – qui se doit d'être cohérente – sur le droit.

---

pensée juridique de Henri Capitant », *in* N. Hakim et F. Melleray (dir.), *Le renouveau de la doctrine française*, Dalloz, 2009, p. 15 *sq*.

37. F. Terré, *Introduction générale au droit*, Dalloz, 8e éd., 2009.

38. Ph. Malaurie et P. Morvan, *Introduction générale*, Defrénois, 3e éd., 2009.

C'est sur un modèle identique qu'est construit le fameux traité de droit civil de Planiol dont la première édition est contemporaine de l'essai de Geny, mais sans que Planiol participe aucunement au groupe des réformateurs qui entend répondre à la crise de l'interprétation. Un traité en trois volumes (correspondant aux trois années de licence) qui constituera le livre de chevet de très nombreuses générations de juristes – au point de lui survivre dans les éditions successives que rédigera Ripert à partir de 1925 avant qu'il ne reçoive le concours de Jean Boulanger en 1942. Un ouvrage qui fait encore l'admiration des civilistes contemporains, non pour ses idées que l'évolution du droit positif aurait de toute façon érodées, mais pour sa structure et la manière d'y exposer le droit selon une succession de théories générales (la dénomination actuelle des constructions juridiques).

Dans un essai – remarqué mais très vite honni, puis oublié – publié en 1911, Demogue aura beau souhaiter se placer d'un point de vue critique « *pour montrer sans chercher à en rien dissimuler les conflits et les contradictions qui sans doute agiteront toujours le droit civil* » par opposition à ces « *principes généraux qui dominent le droit privé positif* [*et*] *ont été étudiées dans ces dernières années par M. Planiol et M. Capitant* », rien n'y fera[39]. La machine est en marche et plus rien ne l'arrêtera.

39. R. Demogue, *Les notions fondamentales du droit privé*, Arthur Rousseau, 1911, p. VII. – V. sur l'auteur, le numéro spécial que lui a consacré la *Revue interdisciplinaire d'études juridiques* en 2006 (vol. 56) reprenant les actes du colloque organisé par le Centre René-Demogue à Lille en 2003.

À la sortie de la Grande Guerre, que reste-t-il de l'effervescence intellectuelle des années 1900 ? Une multitude de réflexions, dont certaines sont inattendues. Ne lit-on pas sous la plume de Duguit qu'il ne faut pas demander aux étudiants de rester plus de trois ans dans les facultés de droit, ne pas surcharger leurs cours de détails historiques ou juridiques « *qui fatigueraient leur mémoire sans développer leur esprit* », et ne pas multiplier les enseignements qui risquent d'absorber leur temps et « *d'entraver chez eux l'initiative dans le travail et l'originalité dans les idées* »[40] ? On y trouve aussi quelques innovations, dont certaines feront long feu. La pluridisciplinarité qu'impliquait à l'origine la libre recherche scientifique n'a pas réellement connu de suite autrement que sous la forme de vagues sciences annexes, de plus en plus délaissées. Quant aux conférences de méthode inspirées des facultés de droit allemandes, elles n'ont guère connu plus de succès – en dépit de la création de plusieurs « salles de travail » qui n'ont cependant rien à voir avec les séminaires de Mommsen ou de Jellineck.

En revanche, la nouvelle structure doctrinale de l'enseignement du droit s'est mise en place. Les juristes français ont accueilli la science allemande telle qu'elle leur est transmise par Capitant. Quant au succès du traité de Planiol, il traduit leur engouement pour l'exposé systématique du droit. Et cela toutes disciplines confondues : publicistes ou internationalistes sont redevables du même mouvement.

40. L. Duguit, « De quelques réformes à introduire dans l'enseignement du droit », *Rev. int. de l'enseignement*, t. 15, 1888, p. 154.

Voici venu le « *temps des cathédrales* »[41], expression utilisée pour caractériser le fruit du travail doctrinal en droit administratif. La réforme de 1896 libérant la parole des professeurs, qui peuvent désormais s'affranchir de l'ordre du code (ce qu'ils avaient parfois anticipé), conforte cette orientation nouvelle. De même que les réformes successives de l'agrégation des facultés de droit (1874, 1880, 1891, 1896) qui légitiment le discours, présenté comme « scientifique », de professeurs qui s'éloignent certes des palais de justice, mais gardent comme auditoire privilégié les praticiens du droit[42].

En un mot, l'effervescence intellectuelle des années 1880-1920 aura accouché de ce que Paul Amseleck nomme d'une expression que je lui ai déjà empruntée, celle de « *technologie juridique* », qui va bientôt saturer le discours juridique et son enseignement que dominent les professeurs de droit : une manière d'« *agencer à la manière d'un dogme les différentes règles juridiques édictées par les pouvoirs publics, à s'efforcer d'en établir une présentation ordonnée, systématique et cohérente, en tâchant de donner des dispositions juridiques en vigueur des commentaires interprétatifs judicieux et rationnels, explicitant toute leur portée, toutes leurs potentialités, éliminant ou*

41. F. Burdeau, *Histoire du droit administratif*, PUF, 1995, p. 323.
42. V. par exemple, le rapport établi par Adhémar Esmein en vue de la réforme du concours d'agrégation en 1896 (A. de Beauchamp, *Recueil des lois et règlements sur l'enseignement supérieur*, Delalain Frères, t. V, Juin 1889-Mai 1898, p. 608) : « *De ce grand mouvement de rénovation, les Facultés de droit, tout en conservant leur ancien et précieux domaine, c'est-à-dire l'enseignement professionnel qui prépare à la pratique judiciaire, sont entrées en plein courant scientifique* ».

réduisant leurs défauts apparents, leurs obscurités, leurs lacunes, leurs contradictions, etc. »[43].

Cette manière de procéder fera le succès, en France, de ce qu'on peut appeler le « modèle doctrinal »[44]. Et tous les efforts faits, après la Seconde Guerre mondiale, pour en desserrer l'étreinte écrasante sur le discours des juristes échoueront de manière à peu près systématique.

Citons pour mémoire les propos de Bernard Chenot, le futur vice-président du Conseil d'État, sur la nécessité de tenir compte plutôt des « *réalités concrètes* » du droit que des « *notions* » ou de « *l'essence des institutions* » propres à assurer « *la tranquillité des professeurs* » : elles lui vaudront une cinglante réplique du professeur Rivero qui lui assénera en 1951 que « *tout juriste est faiseur de systèmes* », une réplique qui ne sera accompagnée d'aucun démenti au sein des facultés de droit[45]. Ce qui laissera peut-être le

43. P. Amselek, « L'interpellation actuelle de la réflexion philosophique par le droit », *Droits*, t. 4, 1986, p. 132.
44. J'ai longtemps hésité sur le choix de l'expression la plus adéquate, mais j'ai finalement préféré le mot de « modèle » à ceux de « paradigme » ou de « matrice » (qui renvoient trop directement à une certaine épistémologie). J'ai en outre préféré « doctrinal » à « technologique » ou « dogmatique » ou « dogmatico-doctrinal ». Il me semble en effet que ce mot permet de caractériser à la fois un certain type de travail (de facture technologique) et les personnes qui l'effectuent (la doctrine, dont j'ai soutenu ailleurs qu'elle se confond largement avec les professeurs de droit, ceux-ci ayant inventé « la doctrine » au cours du XIXe siècle pour exercer leur imprimatur sur l'activité des juristes, dans la mesure où ils sont les mieux à même à pouvoir faire œuvre « scientifique »).
45. J. Rivero, « Apologie pour les "faiseurs de systèmes" », *D.* 1951, Chron., p. 99 *sq*.

champ libre au Conseil d'État dont les membres ne passent guère par les facultés de droit et qui sont, à certains égards et pour ce motif, le creuset d'un courant réaliste propre à la France – par comparaison au réalisme américain sur lequel je reviendrai[46].

Souvenons-nous aussi d'une célèbre chronique que publie à la fin des années 1950 le professeur de droit comparé André Tunc où celui-ci se prévaut de l'autorité combinée de Holmes et Pound (ce qui est loin d'être neutre) pour enjoindre ses collègues à tenir un peu moins compte du « *droit des juristes* », à se faire un peu moins « *légistes* » et un peu plus « *réalistes* » : elle lui vaudra une réplique définitive de trois éminents professeurs qui affirmeront, toutes autorités nationales à l'appui, que « *les facultés de droit ont formé depuis cinquante ans des élèves dont elles ont le droit d'être fières et elles ont accompli une œuvre scientifique qui appelle l'éloge* »[47].

Hors ces quelques controverses qui en disent néanmoins beaucoup sur l'emprise exercée par la dogmatique des professeurs sur le discours juridique (autrement dit de ceux qui forment les nouvelles générations de juristes), il y aurait d'autres éléments à prendre en considération pour caractériser la domination du modèle doctrinal et son emprise sur les esprits. Citons-en quelques uns.

---

46. V. *infra*, p. 109 *sq*.
47. H. Batiffol, P. Ourliac et P.-C. Timbal, « Histoire du Droit et Droit comparé dans l'enseignement des Facultés de droit », *D.* 1957, Chron., p. 205 *sq*., répliquant à A. Tunc, « Sortir du néolithique (Recherche et enseignement dans les Facultés de droit) », *D.* 1957, Chron., p. 71 *sq*.

Les facultés de droit ont mis du temps à faire une (toute petite) place à la philosophie du droit, la première chaire étant attribuée à Strasbourg à Michel Villey en 1949. Toujours en raison de la prééminence de ce même modèle, et parce que les sociologues étaient réputés à gauche[48], elles n'ont jamais laissé qu'une place marginale à la sociologie du droit à compter des années 1960. Ce qui aura cet effet que les sociologues du droit se réfugieront au CNRS – autrement dit, en un lieu où l'on ne les incitera guère à l'étude interne du droit, ce qui les bornera au seul regard externe. Né au début des années 1970, le mouvement critique du droit, qu'il ne faudrait pas réduire à un mouvement d'obédience marxiste, sera pour sa part balayé après avoir connu une certaine effervescence éditoriale durant deux décennies. Quant au tournant linguistique (le fameux *linguisitic turn*), il n'a guère connu de succès en France. Ce qui nous a valu toutes les résistances manifestées ces dernières années à l'endroit des « théories réalistes de l'interprétation », dont Michel Troper s'est fait le principal promoteur dans notre pays, voire à l'égard de l'analyse économique du droit qui en constitue aussi l'un des produits[49] et dont on peut aujourd'hui constater qu'il est pris en charge par les seuls économistes[50].

48. V. les instructifs propos de Carbonnier dans l'entretien donné à André-Jean Arnaud : *Jean Carbonnier, Renato Treves et la sociologie du droit – Archéologie d'une discipline*, LGDJ, 1995, spéc. pp. 52-53.
49. V. sur ce thème, S. Ferey, *Une histoire de l'analyse économique du droit*, Bruylant, 2008.
50. Seules les études historiques, dont la charge subversive est nettement moindre et qui se perdent parfois dans les méandres de l'érudition, tiennent droit de cité chez ceux qui contestent la

En un mot, il m'apparaît possible de soutenir que les juristes français ont connu trop tôt leur crise de l'interprétation. Durant les années 1920, ils ont cru pouvoir la résoudre avec un surcroît de technologie juridique, et cette manière de procéder l'a emporté parce qu'elle leur permettait de surmonter cette crise en assurant la primauté du « juridisme »[51]. Auraient-ils été confrontés à cette crise quelques décennies plus tard, peut-être auraient-ils pris beaucoup plus au sérieux les multiples débats de théorie du droit des années 1960 et 1970 qui ont exercé ailleurs (en Amérique du Nord mais aussi en Europe) une influence profonde sur l'évolution de la perception du droit et de son enseignement sur fond d'interrogations très sérieuse sur l'autonomie du droit et sa perception doctrinale – une autonomie et une perception qu'au contraire la majorité des juristes français n'ont cessé de défendre.

B. Une cristallisation institutionnelle

Les réformes institutionnelles, qui remontent au début des années 1920, viennent au soutien des choix intellectuels faits durant la même période : il s'agit de former des juristes qui maitriseront parfaitement l'ensemble d'un droit réputé autonome, tout en s'ouvrant aux sciences sociales devenues des sciences annexes. Ce sera là le moyen qu'auront trouvé les juristes universitaires pour répondre à la

---

prééminence du modèle doctrinal, conformément à une tradition française ancienne depuis Jourdan, Klimrath ou Laboulaye.

51. V. *supra*, p. 42 *sq*.

question qui traverse les décennies, à savoir la part qu'il faut réserver à la technique et celle qu'il faut accorder à la science. L'équilibre entre l'un et l'autre sera trouvé dans le choix de former des praticiens (la maîtrise de la technique) cultivés (la connaissance des sciences sociales annexes).

Néanmoins, ces praticiens ne se contenteront pas de cet équilibre : se plaignant de la part insuffisante faite à la professionnalisation des études juridiques, du fait de leur excessif aspect doctrinal, ils commenceront après la Seconde Guerre mondiale à organiser un système de formation qui s'affranchira partiellement des facultés de droit. À celles-ci reviendra bientôt une formation générale de base, les différentes professions se réservant pour l'essentiel la formation spécifique de leurs futurs membres.

Aussi le modèle français de formation des juristes connaîtra-t-il bientôt son visage actuel, fruit d'un double compromis. Celui-ci sera d'abord fondé sur une répartition des rôles au sein même des facultés de droit entre l'apprentissage de la technologie juridique et celui de la culture générale (via des sciences sociales annexes dont la charge déstabilisatrice aura été définitivement désamorcée), le premier l'emportant largement sur le second. Il reposera ensuite sur un partage plus général des tâches entre les facultés de droit (chargées de dispenser un savoir technologique de base) et les diverses professions du droit qui se réserveront le soin de former leur membres à l'exercice concret de leur métiers.

La répartition des rôles entre la technologie juridique et les sciences sociales

Durant le XXe siècle, les réformes institutionnelles sont venues au soutien de la conception technologique du droit et de son enseignement, et cela précisément dès les années 1920. La réforme de la licence en droit en 1922 est caractéristique de cet état d'esprit. Ses promoteurs maintiennent certes l'enseignement de l'économie politique durant les deux premières années de licence (une innovation remontant à 1905), mais ils suppriment le cours de législation industrielle, rétablissent le caractère obligatoire du droit romain (durant un semestre) et recentrent la troisième année autour de matières de droit privé, l'enseignement issu de la réforme de 1905 étant jugé « trop dispersé ».

Néanmoins, ce retour à l'orthodoxie n'évacue pas la question des sciences sociales. Celle-ci réapparaît avec la grande réforme de 1954 où est une énième fois exposée la tension qui occupe les esprits depuis le début du XIXe siècle : « *La grande difficulté de cet enseignement* [*du droit*] *a toujours été de déterminer son équilibre entre un enseignement de culture, dans un esprit purement scientifique, et un enseignement de formation professionnelle* » écrit le doyen Trotabas dans le rapport qu'il rédige pour le Conseil supérieur de l'éduction nationale sur le projet de décret[52]. Et c'est parce qu'ils souhaitent ne pas réserver l'enseignement dispensé dans les facultés de droit aux seules

52. L. Trotabas, « La réforme de la licence en droit », *D.* 1953, Chron., p. 75.

professions juridiques constituées que ses rédacteurs entendent à nouveau y faire une place, selon l'exposé des motifs, à « *une culture générale de caractère social* ». Ce qui signifie par prétérition qu'un enseignement de facture doctrinale pourrait suffire aux membres de ces professions.

Les deux premières années (dites de premier cycle) seront donc en partie réservées à des éléments de culture générale. Une culture dont le spectre est néanmoins assez étroit : en relèvent les trois cours sur les institutions (judiciaires, financières et internationales) dispensés en première année, ainsi que l'économie politique et l'histoire des institutions et des faits sociaux (deux cours annuels en première et deuxième année). Quant aux deux années suivantes, elles sont consacrées à des enseignements professionnels ou spécialisés. Fait nouveau qui traduit cette idée que les facultés de droit ne doivent pas former que des professionnels du droit : ce second cycle distingue les sections de droit privé, droit et science politique, et économie politique (il faudra néanmoins attendre 1959 pour voir apparaître une licence propre aux sciences économiques).

Autre fait majeur : la licence en droit comporte désormais une quatrième année (qui comprend deux cours de droit romain). L'objectif de la réforme est de revaloriser ce diplôme et d'éviter que de nombreux étudiants aillent chercher en doctorat un complément aux études de licence. Selon Ripert, elle a aussi pour objet d'attirer tous les étudiants

« *qui veulent avoir une connaissance complète du droit* »[53]. Cette affirmation a sa logique : puisque la première année est consacrée à des généralités d'ordre culturel, il faut en compenser l'existence. Mais elle repose aussi sur un postulat qui s'inscrit dans la droite ligne de l'héritage français de la science allemande du XIXe siècle – et, sur un temps plus long, de l'humanisme juridique français. Le droit y étant perçu comme un système, sa connaissance doit être complète pour en maîtriser les arcanes. Ce qui aura nécessairement pour effet de favoriser un grossissement continu du volume des enseignements (et donc des années d'études) pour tenir compte du volume croissant d'un droit positif érigé en système. Le tout pour devenir un « vrai » juriste, cette qualité postulant une connaissance « complète » du droit.

C'est donc une même logique qui est toujours à l'œuvre. Nous sommes désormais très loin des interrogations qui avaient affleurées durant les premières années du XXe siècle sur une éventuelle rupture avec le discours doctrinal : l'autonomie du droit n'est plus contestée et il ne s'agit plus d'y faire pénétrer les sciences sociales nouvelles autrement que sous la forme des fameuses sciences auxiliaires. En un mot, il s'agit tout au plus de former des juristes cultivés, mais nullement de changer la matrice disciplinaire des facultés de droit. Et encore s'agit-il d'une culture propre aux facultés de droit, celle que délivrent les professeurs de

53. G. Ripert, « La réforme des études dans les Facultés de droit », *D.* 1955, Chron., p. 137.

droit. Ce qui ne pose aucun problème, puisque la science juridique est devenue la science architectonique, matrice de toutes les autres sciences.

À dire vrai, l'intérêt de la réforme de 1954 ne tient pas vraiment à cette question : le tournant « scientifique » a été pris un demi-siècle plus tôt et le nouveau décret ne fait qu'en conforter l'existence institutionnelle. Son intérêt tient plutôt à la place qu'y occupe la pédagogie. Le texte distingue pour la première fois entre « l'enseignement théorique », dispensé sous la forme du cours magistral (qui a succédé à la leçon), et « l'enseignement pratique ». Certes, quelques grands juristes (dont Hauriou) avaient souhaité introduire de tels enseignements dans le cursus dès la fin du XIXe siècle, à l'imitation des facultés de droit allemandes. Et ces enseignements avaient fait une apparition discrète dans le décret du 2 août 1922 qui précisait (art. 17) que les notes obtenues en conférences étaient communiquées au jury qui en tenait compte dans l'appréciation des épreuves. Mais, comme l'écrit Trotabas, ces travaux pratiques n'avaient « *pas pu s'organiser d'une manière utile dans le cadre actuel de la licence, et ils sont restés en marge de l'enseignement doctrinal* »[54]. En 1954, il s'agit de les institutionnaliser en les rendant obligatoires (à hauteur de deux séances hebdomadaires d'une heure trente chacune durant les quatre années de licence) à peine de ne pouvoir se présenter à l'examen de fin d'année.

54. L. Trotabas, art. précité, p. 77.

Cette réforme aura pour premier effet d'entraîner la création d'un corps nouveau : celui des assistants chargés de dispenser ces travaux pratiques – des assistants qui seront le plus souvent recrutés parmi les doctorants et n'auront à l'origine aucun statut. Elle correspond aussi à la période où se cristallise le fameux plan en deux parties (et deux sous-parties) des exercices pratiques proposés aux étudiants, exercices qui se résument pour l'essentiel à des commentaires d'arrêts et à la résolution de moins nombreux cas pratiques. Le célèbre professeur Henri Mazeaud joue en cette matière un rôle prépondérant. En 1925, il semble être le premier à adopter ce fameux plan en deux parties[55]. Et concomitamment à la réforme de 1954, il publie un important *Guide des exercices pratiques pour la licence en droit* qui fixe la règle bipartite pour toutes les présentations juridiques, qu'elles soient écrites ou orales. Une règle qui s'impose peu à peu dans la littérature juridique française après le second conflit mondial[56].

Voici donc où nous en sommes à la fin des années 1950. La méthode dite « scientifique » s'est solidement implantée dans les facultés de droit, une méthode qui privilégie la « technologie juridique » sur d'autres savoirs relégués aux marges d'un droit qui peut ainsi demeurer autonome. Et cela même chez le doyen Carbonnier qui publie le premier volume de sa collection de précis de droit civil en

55. H. Mazeaud, « La faute dans la garde », *RTD civ.* 1925, p. 793 *sq.*
56. V. de manière générale, M. Lemieux, « La récente popularité du plan en deux parties », *RRJ – Droit prospectif* 1987, p. 823 *sq.*

1957, précis dont l'originalité est d'ajouter à une présentation doctrinale du droit positif (courte) des réflexions de nature diverse (allant de l'économie politique à la sociologie en passant par l'anthropologie) dans une section à part et finale – pour ne pas dire « annexe » comme les sciences du même nom – intitulée « Pour aller plus loin ». Ce qui ajoute certainement aux traités de l'époque, de facture exclusivement doctrinale, mais constitue tout de même une manière de distinguer cette section du reste et d'opérer une hiérarchie entre les divers ordres de savoirs[57]. Les travaux pratiques ont en outre fait leur apparition : dirigés par des assistants, ils ont pour fonction de compléter le cours magistral que dispense un professeur en toge par des exercices (commentaires d'arrêts et cas pratiques) qui s'y rapportent et que les étudiants doivent présenter sous la forme du plan bipartite (l'apprentissage de la technique du plan constituant une part non négligeable de la pédagogie).

En définitive, les facultés de droit doivent former de jeunes personnes cultivées, parce qu'elles ne rejoindront pas toutes les professions juridiques et judiciaires (à en croire l'exposé des motifs du décret de 1954). Or ce sont les études de premier cycle qui le permettront. Mais leur formation dite professionnelle ne sera pas pour autant négligée. Et cela grâce à des travaux pratiques rendus obligatoires tout au

57. Comp., J. Montain-Domenach, « L'influence de Jean Carbonnier sur l'enseignement du droit : les nécessités d'une rupture », *in* R. Verdier (dir.), *Jean Carbonnier – L'homme et l'œuvre*, PU Paris-Ouest, 2011, spéc. p. 102, qui voit dans cette distinction une volonté de rupture avec les manuels traditionnels.

long du cursus, mais aussi aux années de second cycle dont l'objet sera plus spécifiquement de permettre à ces étudiants d'acquérir une connaissance complète du droit (Ripert *dixit*).

Le compromis tant recherché par les juristes depuis les premières années du XIXe siècle entre le caractère scientifique des études de droit et leur dimension professionnelle semble avoir été trouvé, cette fois sur un plan institutionnel, durant ces années d'après-guerre. Les réformes (nombreuses) qui suivront n'en modifieront pas vraiment l'architecture globale. Qu'il s'agisse de la suppression des facultés au profit des unités d'enseignement et de recherches à la fin des années 1960 (devenues des unités de formation et de recherche en 1984), de l'extension au droit du diplôme d'études approfondies (DEA) durant les années 1970, de la réforme des études doctorales dans les années 1980 suivie de la création des écoles doctorales dans les années 1990, ou encore de la réforme dite « LMD » (pour licence, master et doctorat) au début des années 2000 qui voient disparaître DEA et DESS (diplôme d'études supérieures spécialisés) au profit des masters recherches et professionnels (qui englobent en outre la maîtrise).

Certes, les DESS ont permis aux professionnels de pénétrer dans les facultés de droit. Ceux-ci participent à la formation et, pour être habilités au niveau ministériel, les programmes de ces DESS doivent avoir été établis en concertation avec les représentants des différentes professions. Néanmoins, il y a bien longtemps que celles-ci ne s'en remettent plus vraiment, ou plus seulement, aux facultés de droit pour former leurs membres. Cela fait déjà longtemps que le partage des tâches a eu lieu : il a pris corps principalement entre la fin des années 1950 et les années 1980.

Le partage des tâches entre les facultés de droit et les différentes professions

Je débuterai par ce qui ne constitue précisément pas un partage des tâches, mais une éviction, celle des facultés de droit. C'est uniquement après ce préambule que je traiterai de ce partage en limitant mon propos à l'essentiel, c'est-à-dire aux professions pour lesquelles les facultés de droit ont été restaurées en 1804 et à la façon dont ces professions ont organisé leur formation en complément de l'enseignement généraliste reçu dans ces facultés.

• Préambule : l'éviction des facultés de droit

Commençons par la haute fonction publique (les grands corps de l'État) : ses futurs membres passaient déjà massivement par l'École libre des sciences politiques depuis sa création en 1872. Ce qui avait suscité l'ire de Bufnoir qui voyait une partie du public des facultés de droit leur échapper au profit d'une autre institution[58]. Or ce trait n'a fait que s'accentuer par la suite, et spécialement avec la création de l'École nationale d'administration en 1945 dont l'un des objectifs, exprimé par Michel Debré, était de pallier les insuffisances de l'enseignement

58. V. *supra*, p. 40 *sq*.

dispensé au sein des facultés de droit, s'agissant du moins de la préparation à la fonction publique[59]. Au point qu'aujourd'hui un nombre important des membres du Conseil d'État, qui est pourtant situé au sommet de l'architecture du droit public français, n'a jamais vraiment fréquenté les facultés de droit. Ce qui doit être médité : les juges suprêmes de l'ordre administratif ne sont bien souvent pas d'anciens étudiants des facultés de droit, ou seulement par effraction ; ce ne sont pas elles qui les forment – une situation qui peut expliquer le rejet de longue date, par ces conseillers d'État, d'un esprit juridique de facture doctrinale que de nombreux professeurs de droit public leur reprochent de ne pas posséder, les membres du Conseil d'État n'étant pas, de ce fait et aux yeux de ces professeurs, pleinement des juristes (souvenons-nous de la querelle entre Chenot et Rivero).

Quant aux fils de famille qui fréquentaient les facultés de droit au XIXe siècle avant d'entrer dans le commerce ou l'industrie, ils ont depuis longtemps pris l'habitude d'étudier ailleurs. Dès la seconde moitié du XIXe siècle leur est accordée la possibilité de rejoindre les premières écoles de commerce. Au moment même où l'École libre des sciences politiques est fondée, et pour des motifs qui tiennent aussi à l'incapacité réelle ou supposée de la France de former des élites aptes à rivaliser avec

59. V. en particulier, M. Debré, « La réforme de la haute fonction publique », *Revue de l'ENA*, n° 1, 1946, p. 10 *sq*. – *Adde*, J.-F. Kessler, « La création de l'ENA », *Rev. adm.*, n° 178, 1977, p. 354 *sq.*

leurs homologues prussiennes, sont créées les Écoles supérieures de commerce du Havre, de Rouen, de Lille, de Lyon, de Marseille et de Bordeaux (entre 1871 et 1874). Dix ans plus tard, ce sera au tour de l'École de hautes études commerciales (HEC) sous l'égide de la Chambre de commerce de Paris qui avait acheté en 1868 la doyenne des écoles de commerce, à savoir l'École supérieure de commerce de Paris (fondée en 1819). Certes, ces écoles connaissent souvent des débuts difficiles, mais elles draineront au fil des années des cohortes sans cesse plus nombreuses d'étudiants qui, au cours du XXe siècle, y apprendront le droit auprès de corps professoraux qui finiront par se distinguer de celui des facultés de droit et selon des modalités très fortement imprégnées de la méthode des cas propre à l'enseignement de la gestion.

Néanmoins, ces mêmes écoles ne rompront jamais vraiment avec les facultés de droit. Durant le dernier tiers du XXe siècle et encore au début du XXIe siècle, certaines d'entre elles concluront des accords avec différentes facultés de droit pour permettre à leurs étudiants d'obtenir un diplôme universitaire (le plus souvent un master 2) et satisfaire au souhait formulé par différents recruteurs (cabinets d'avocats et grandes entreprises) d'obtenir des doubles diplômés attestant à la fois d'une ouverture d'esprit vers le monde de l'entreprise et d'une connaissance technique du droit – au point d'ailleurs qu'un nombre important des membres éminents du barreau d'affaires actuel ont été formés, non pas vraiment par les facultés de droit où ils peuvent n'avoir passé qu'une seule année (celle du master 2), mais au sein de ces écoles.

Néanmoins ce n'est pas cela qui est le plus important, ou le plus grave. La mutation des lieux de formation d'une partie des élites (administratives ou commerciales) peut en effet s'expliquer par un changement des mentalités. On l'a écrit et c'est peut-être exact : il est possible que le déclin des facultés de droit traduise la disparition d'une forme de régulation sociale, liée à une société bourgeoise, qui passait par le culte du légalisme et d'un droit sacralisé dont ces facultés s'étaient constituées en gardiennes[60]. Il est possible que ce déclin traduise ainsi le déclin d'un gouvernement par le droit au profit des sciences du management. Ce qui s'explique moins, c'est que les professions juridiques et judiciaires, essentielles pour les facultés de droit, ne s'en soient plus vraiment remises à elles pour former leurs membres.

La formation des professionnels du droit par les professionnels eux-mêmes

C'est en premier lieu le cas des magistrats de l'ordre judiciaire. Pendant longtemps, la formation qu'ils avaient reçue au sein des facultés de droit était simplement complétée par diverses formes de noviciat – la question la plus débattue n'étant pas celle de la formation, mais du concours d'entrée dans la magistrature. Le débat sur leur formation

60. V. en ce sens, A.-J. Arnaud, *Les juristes face à la société du XIXe siècle à nos jours*, PUF, 1975, p. 205.

initiale apparaît au cours des années 1930. De hauts magistrats ou des professeurs de droit (Bonnecase) s'y intéressent de très près, mais sans jamais penser que cette formation pourrait se faire au sein même des facultés de droit dont la vocation ne semble pas être celle-ci : pour eux, il ne fait aucun doute que les métiers de judicature doivent s'apprendre au sein d'écoles d'application.

Bien plus, le seul passage par une faculté de droit ne suffit pas à assurer le prestige que recherche la magistrature, et cela spécialement au moment de la création de l'ENA. Quand le débat sur l'opportunité de créer une école propre à former des magistrats reprend au cours des années 1950, la Faculté de droit de Paris (par l'intermédiaire du doyen Hamel) émet d'ailleurs des réserves à l'égard de ce qu'elle perçoit comme un risque de dépossession[61]. Ce qui aurait expliqué que la nouvelle école prenne le titre de « Centre national d'études judiciaires », celui-ci ne faisant pas penser à une « grande école »[62]. Cette réforme conforte alors un partage des rôles : aux facultés de droit l'octroi d'un bagage juridique général, voire généraliste ; à cette nouvelle école l'apprentissage du savoir professionnel. Un savoir dont on écrira qu'il se fera au moyen d'enseignements censés permettre aux auditeurs de justice

61. V. sur ce thème, A. Boigeol, « La formation des magistrats : de l'apprentissage sur le tas à l'école professionnelle », *Actes de la recherche en sciences sociales*, vol. 76-77, mars 1989, spéc. p. 61.
62. V. en particulier, C. Fillon, M. Boninchi et A. Lecompte, *Devenir juge – Mode de recrutement et crise des vocations de 1830 à nos jours*, PUF, 2008, p. 136. L'École nationale de la magistrature a pris sa dénomination actuelle en 1970.

« *de trouver une méthode d'approche des problèmes et de raisonnement, de projeter la théorie sur la vie pratique, en bref, de superposer l'esprit judiciaire à l'esprit juridique* » en vue de permettre au jeune magistrat d'être « *capable, dans la mesure du possible, de comprendre les litiges sur lesquels il devra statuer* »[63]. Tenu par de jeunes et prometteurs auditeurs de justice, ce propos en dit long sur ce que ne font pas les facultés de droit en dépit des efforts qu'elles produisent depuis le début du XXe siècle pour allier formation professionnelle et formation « scientifique ».

Ce qu'ont connu les magistrats, les avocats l'ont expérimenté à leur tour. Le débat a lui aussi été lancé de longue date. Pendant longtemps, il avait simplement fallu aux jeunes gens licenciés en droit de prêter serment pour obtenir le titre d'avocat et de solliciter leur inscription au tableau pour en exercer la fonction. En 1920, le barreau ne permit plus l'obtention du titre qu'au bénéfice de ceux qui avaient été admis au stage après avoir prêté serment, ce qui était une manière de professionnaliser l'exercice de l'avocature. Et déjà parlait-on de réformer ce stage dans des termes qui ne manquaient parfois pas d'intérêt, car ils prenaient fond sur l'orientation « scientifique » prise par les facultés de droit – celle que j'ai précédemment décrite[64].

C'est ainsi que le bâtonnier Payen soutenait en 1934 que, plus celles-ci procédaient à des incursions « *hors du domaine de la science appliquée* » (du

63. J. Lemontey et Y. Patureau, « Le Centre national d'études judiciaires et la formation des magistrats », *D.* 1961, Chron., p. 52.
64. V. *supra*, p. 52 *sq.*

côté du droit constitutionnel, de l'histoire du droit, du droit international public, de la législation financière, de la législation sociale, voire des doctrines économiques), plus « *le souci des applications pratiques du droit positif* » s'imposait de manière pressante à la profession[65]. En d'autres termes, par la voix de l'un de ses plus influents représentants, le barreau semblait regretter l'orientation, réputée « scientifique », prise par les facultés de droit, tout en manifestant une certaine nostalgie vis-à-vis de l'enseignement du droit dispensé au XIXe siècle[66]. Très désireux d'octroyer une formation professionnelle à ses futurs membres, le barreau finit par obtenir, en 1941, la création du certificat d'aptitude à la profession d'avocat (le CAPA) destiné à sanctionner une meilleure connaissance de la pratique judiciaire et de la déontologie par un an supplémentaire d'enseignements. Cependant, il fallut attendre 1980 pour que soit créés des centres régionaux de formation professionnelle d'avocats (les CRFPA, aujourd'hui au nombre de 11 en métropole) dont le régime a été profondément modifié en 2004.

---

65. F. Payen, *Le barreau, l'art et la fonction*, Grasset, 1934, p. 126 (dans un chapitre consacré à « *la réforme nécessaire du stage* » issu d'un discours prononcé à la rentrée de la conférence du stage de 1929).
66. F. Payen, *op. et loc. cit.*, p. 125 : « *Vous avez fait votre licence en droit. Vous l'avez fort bien faite, j'en suis sûr. Ç'a a été déjà une préparation, nécessaire, à l'exercice de la profession. Ce n'a pas été une préparation suffisante. Aucun de vous, je pense, n'éprouvera, à cette révélation, une violente surprise. Ce qui vous surprendra peut-être et que vous ferez bien de méditer, c'est que votre diplôme, de notre point de vue professionnel, a moins de signification encore que jadis. Il y a toujours eu un monde – le monde des affaires – entre la science théorique du droit et l'art vivant du Barreau... Il n'en est pas moins vrai que les licenciés en droit étaient mieux préparés jadis qu'aujourd'hui à se muer en avocats* ».

Les étudiants y entrent après avoir passé un examen (et non un concours) organisé par un grand nombre d'institut d'études judiciaires (qui dépendent des universités), et ils y suivent une formation de 18 mois, divisée en 3 périodes égales (acquisition des fondamentaux, projet pédagogique individuel et stage en cabinet), ce qui dispense les futurs titulaires du CAPA de l'ancienne période de stage. Cette suppression du stage montre que l'apprentissage du savoir-faire propre à l'exercice de la profession ne passe plus, au moins sur un plan symbolique, par l'acquisition d'une expérience auprès d'un « patron ». Et cela peut-être parce que cet exercice n'a plus pour centre de gravité le palais. Néanmoins, cette formation n'a pas été confiée à l'université en dépit de la création des DESS puis des masters professionnels. La certification universitaire est une nouvelle fois apparue insuffisante, à elle seule, pour assurer la formation de nature professionnelle des avocats, mais peut-être aussi pour conforter leur crédibilité sociale[67].

Il en a été à peu près de même des notaires. On se souvient que la licence en droit n'était pas même exigée en 1804 pour obtenir une charge. Pendant longtemps, les notaires n'en virent d'ailleurs pas la nécessité[68]. Et cela en dépit de ce qui fut perçu comme une crise du notariat durant les dernières

---

67. V. sur ce thème, L. Karpik, *Les avocats*, Gallimard, 1995, p. 238.
68. V. en particulier, E. N. Suleiman, *Les notaires*, Le Seuil, 1987, pp. 149-150.

décennies du XIXe siècle[69]. Aux prises à de constantes critiques qui connurent peut-être leur apogée avec le rapport Armand-Rueff en 1960, les notaires finirent néanmoins par prendre l'exacte mesure d'une incompétence souvent dénoncée. Les années 1970 marquèrent le début de très ambitieuses réformes touchant l'organisation du notariat dans son ensemble, mais dont la formation ne fut nullement exclue.

Aujourd'hui, un master 1 constitue un pré-requis pour espérer devenir notaire en empruntant soit la voie universitaire, soit la voie professionnelle. La première passe par l'obtention d'un master 2 droit notarial (sur lequel les notaires exercent un contrôle vigilant rendu possible par le fait qu'il s'agisse d'un master professionnel) suivi d'une période de stage de deux ans durant laquelle les étudiants suivent des enseignements sur quatre semestres avant de soutenir un rapport de stage qui leur octroie le « diplôme supérieur du notariat ». Diplôme mixte universitaire et professionnel, son obtention permettra au nouveau diplômé d'exercer en qualité de notaire, sous forme libérale (s'il obtient une charge) ou salariée (dans le cas contraire, ce qui ne manque pas d'engendrer quelques frustrations). La seconde voie est purement professionnelle. Elle commence par un examen d'entrée au Centre de formation professionnel notarial, suivi d'une année de formation à temps

69. V. sur ce thème et les réactions que cette crise engendra, J.-P. Barrière, « Des notaires au notariat : les voies de la professionnalisation en France au XIXe siècle », *in* P. Guillaume (dir.), *La professionnalisation des classes moyennes*, éd. de la maison des sciences de l'homme d'Aquitaine, 1996, p. 19 *sq*.

plein et d'un examen de sortie. Puis vient le temps d'un stage de deux ans entrecoupé de séminaires de formation professionnelle qui font l'objet d'un contrôle continu puis d'un rapport de stage. La moyenne obtenue à l'ensemble de ces épreuves donnera alors au candidat le statut de notaire-assistant qui lui permettra de solliciter le cas échéant sa nomination en qualité de notaire.

Même si la collaboration avec l'université apparaît plus intense pour les notaires que pour les avocats, dans la mesure il existe une voie commune de formation à l'université et au notariat, la seule certification universitaire n'est pas plus apparue suffisante pour assurer formation professionnelle et crédibilité sociale[70]. C'est d'ailleurs l'ensemble des formations aux métiers du notariat qui a été placé sous le contrôle de la profession, via le Centre national de l'enseignement professionnel notarial, celui-ci exerçant son emprise sur la formation des notaires, mais aussi sur celle de leurs multiples assistants (qui peuvent obtenir certificats et diplômes, dont une licence professionnelle ou un BTS, en suivant des enseignements à l'université, dans des lycées ou au sein de l'Institut des métiers du notariat).

En définitive, il n'y a guère que les nouveaux venus parmi les professionnels du droit qui parurent s'appuyer sur les facultés pour développer des

70. La recherche de crédibilité sociale pourrait même passer par la création d'une École supérieure du notariat établie sur le modèle de l'École nationale de la magistrature, si l'on en croit du moins la proposition faite lors de la 61e Assemblée de liaison des notaires de France : *JCP N* 2010, act. 881.

programmes de formation à vocation très directement professionnelle. Tel fut le cas des diplômes de juristes conseils d'entreprise (DJCE) qui virent le jour au début des années 1970 grâce à l'étroite collaboration entre quelques universitaires provinciaux (on se souvient encore de la figure marquante de Jean-Marc Mousseron), les conseils juridiques (qui commençaient à croître en remplissant le vide laissé par un barreau très attaché au palais) et des juristes d'entreprise (dont les fonctions étaient encore embryonnaires). Imprégné d'une très forte culture d'entreprise, orienté vers la résolution de cas concrets par des praticiens massivement investis dans un cursus particulièrement chargé (plus de 1 200 heures sur dix mois, outre un stage et la réalisation de travaux personnels) et privilégiant une vision particulièrement technique du droit des affaires, ce nouveau diplôme tranchait néanmoins de façon singulière avec l'enseignement traditionnel dispensé par les facultés et il a connu, depuis sa création, un très grand succès auprès des praticiens du droit de l'entreprise[71].

Voici donc où nous en sommes aujourd'hui. Non seulement la formation de la plus large fraction des élites administratives – qui comportent de nombreux juristes – et d'une bonne partie de la bourgeoisie qui s'orientait vers l'industrie et le commerce après avoir « fait son droit » échappe depuis longtemps à l'emprise des facultés de droit (et plus

---

71. V. le bilan qu'en tire Jean Paillusseau, qui en fut l'un des principaux promoteurs : « La crise de l'Université ? La merveilleuse aventure du DJCE ! », *JCP G* 2007, I, 140.

certainement encore depuis la fin des années 1950), mais c'est encore la formation des professionnels du droit les plus classiques qui a fini par leur échapper en partie (entre la fin des années 1950 et le début des années 1980). Et cette situation a abouti à un partage des rôles, au moins implicite : en dépit des efforts réitérés des facultés de droit pour « professionnaliser » leurs formations (dès les années 1970 avec la création des DESS et des DJCE, devenus masters 2 professionnels), leur reviendrait essentiellement la formation de base, alliant l'apprentissage d'un savoir juridique sur un mode technologique (selon le pli pris dans les années 1920) et de quelques éléments de culture générale (renforcée durant les années 1950) ; aux différentes professions du droit (agissant de manière plus ou moins autonome vis-à-vis des facultés de droit) une formation complémentaire, à vocation proprement professionnelle – les travaux pratiques ou dirigés dispensés au sein des facultés de droit ne pouvant en tenir lieu.

Or il n'est pas certain que cette situation, ce compromis proprement français, soient aujourd'hui amenés à évoluer de manière importante en dépit de réformes récentes entreprises au sein même de ces facultés de droit. Celles-ci ne rompant pas avec le modèle intellectuel mis en place au début du XXe siècle, peut-être peut-on même parler à leur propos d'un certain retour vers le futur.

C. Aujourd'hui : retour vers le futur ?

C'est l'Université Paris II (Panthéon-Assas), l'héritière de l'ancienne Faculté de droit et des sciences économiques de Paris (son appellation avant les événements de mai 1968), qui a récemment été à l'initiative des réformes les plus spectaculaires. Le fait mérite d'être relevé. Et d'abord parce que la Faculté de droit de Paris n'a pas toujours été à la pointe de l'innovation. Par le passé, elle y a même été le plus souvent hostile[72]. J'en en ai déjà évoqué quelques exemples avec l'importante réforme avortée de 1819 (la résistance du doyen Delvincourt), la fondation de l'École libre des sciences politiques en 1872 (la polémique avec Boutmy suscitée par Bufnoir) ou la création du Centre national d'études judiciaires en 1961 (les protestations du doyen Hamel). Mais le fait mérite aussi d'être relevé parce que cette même Faculté demeure, en France, au centre de tous les agencements institutionnels. Le phénomène n'est pas nouveau. Au XIXe siècle, les étudiants qui la fréquentent dépassent en nombre, et de loin, ceux qui ont pris une inscription ailleurs, toutes facultés de province réunies. Des facultés que la configuration napoléonienne a rendu étroitement

---

72. V. sur ce point, J.-L. Halperin (dir.), *Paris, capitale juridique (1804-1950)*, éd. rue d'Ulm, 2011, où il est relevé dès l'ouverture (pp. 30-31) que « *sur pratiquement chacun des terrains étudiés, la Faculté de droit de Paris n'est pas parvenue encore au milieu du XXe siècle à réaliser tous les objectifs liés à un rayonnement en rapport avec l'importance de ses effectifs étudiants et enseignants. La prétendue autonomie de la faculté se heurte à la faiblesse de certaines de ses prérogatives, tandis que le conservatisme du corps professoral apparaît comme un obstacle aux innovations, notamment dans le domaine pédagogique* ».

dépendantes du centre politique, qui sont isolées les unes des autres (au point de ne pouvoir un temps correspondre entre elles) et dont le prestige n'a rien de comparable à celui de la Faculté de droit de Paris (où les professeurs sont d'ailleurs mieux rémunérés)[73]. Or ce phénomène n'a guère changé : même si certaines facultés de province (souvent les plus éloignées de la capitale) ont pris du poids, le centre névralgique de la formation des juristes se situe toujours à Paris ; à peine s'est-il déplacé de la place du Panthéon, siège de l'ancienne Faculté de droit et de sciences économiques de Paris, vers la rue d'Assas. L'Université Paris II dispose du plus grand nombre de professeurs ; elle constitue le plus volumineux vivier de recrutement pour les plus importants cabinets d'avocats de la place et fournit le plus grand nombre des futurs lauréats du concours de la magistrature. Ses masters 2 sont parmi les plus attractifs, et elle attire toujours autant de jeunes doctorants (dont certains lui viennent de province et de facultés de la région parisienne). Ce qui fait qu'elle obtient la plus large fraction (environ un tiers) des lauréats aux concours d'agrégation (dont le jury comprend systématiquement un de ses membres)[74]. Quant aux plus prometteurs des jeunes agrégés, tout d'abord affectés en province, ils ont le plus souvent pour objectif de regagner la maison mère. Tout

73. V. récemment, P. Nelidoff (dir.), *Les Facultés de droit de province au XIXe siècle*, PU Toulouse, 2010.

74. V. en particulier, M. Fabre-Magnan, « Radiographie de l'agrégation – Les résultats du concours d'agrégation externe de droit privé et de sciences criminelles depuis 1968 », *Mélanges en l'honneur de Philippe Malaurie*, Defrénois, 2005, spéc. pp. 225-231.

comme l'ancienne Faculté de droit de Paris, l'Université Paris II, par son rayonnement intellectuel et sa puissance institutionnelle, exerce une influence considérable sur l'ensemble des facultés de droit françaises. C'est la raison pour laquelle les réformes qu'elle vient d'entreprendre méritent d'être regardées d'un peu près.

Ce ne sont pas les accords qu'elle a conclu avec diverses écoles de commerce qui sont les plus marquants. L'Université Paris II avait déjà tissé de longue date des liens avec HEC, plus spécialement dans le domaine du droit de la fiscalité internationale. Les partenariats désormais conclus avec l'ESSEC ou l'INSEAD (qui lui permet d'avoir accès à son campus de Singapour) s'inscrivent dans le droit fil de cette politique. Tout au plus s'y ajoute aujourd'hui un autre objectif stratégique : cantonner ces écoles à leur cœur de métier afin de les inciter à ne pas revendiquer la délivrance de diplômes juridiques (qui relèvent du monopole des facultés de droit) ou l'accès dérogatoire à différents concours ou examens professionnels (spécialement le barreau). En un mot : éviter que ne se reproduise le séisme provoqué par le fameux arrêté de mars 2007 obtenu par Sciences Po[75].

De même, la création de nouvelles formations ne tranche pas vraiment avec ce qui existe déjà. Je songe ici par exemple au master 2 « droit des affaires et management-gestion » qui a été créé en collaboration avec l'association française des juristes

75. V. *supra*, p. 12 *sq*.

d'entreprises. Sur un plan pédagogique et intellectuel, il ne se différencie guère des DJCE qui ont une même vocation à la professionnalisation. Tout au plus pourrait-on peut-être y dénombrer un peu plus d'enseignements en gestion. L'innovation est ailleurs : dans l'appellation « MBA » et surtout dans le fait d'avoir logé ce master au sein d'une « École de droit et de management de Paris » créée en juillet 2007. Ce double choix révèle les intentions de ses promoteurs : donner aux formations universitaires le lustre des grandes écoles en tâchant de mettre fin à un déficit d'image. Ce choix traduit à mon sens les convictions et du corps professoral et de l'actuel président de l'Université Paris II : la formation juridique dispensée au sein des facultés de droit françaises est excellente, mais ces facultés ne savent pas en faire la promotion. Dit autrement : le déficit de ces facultés de droit ne réside pas dans le savoir-faire, mais dans le faire savoir. Le mot « école » exerçant dans notre pays un très grand pouvoir de fascination, il faudra loger cette formation au sein d'une « école ». Et puisque les professionnels du droit exigent massivement des doubles formations, le mieux sera de les leur offrir à l'intérieur même de l'université.

Pour le reste, les choses n'ont pas vraiment changé. J'en prendrai un seul exemple : l'Université Paris II a récemment recruté un spécialiste réputé d'analyse économique du droit pour lui confier la direction d'un nouveau master 2 « économie et droit » présenté comme une formation innovante dont la spécificité tiendrait dans l'introduction en

France de l'analyse économique du droit. Or cette formation offre essentiellement, sur de mêmes objets, des enseignements de droit d'un côté et d'économie de l'autre. Cependant, un cours de droit de la concurrence (dispensé par un juriste) accolé à un cours d'économie de la concurrence (délivré par un économiste) ne constitue pas un enseignement d'analyse économique du droit de la concurrence, qui nécessite d'appréhender le droit avec les outils de l'analyse économique. La raison de ce déficit peut néanmoins se comprendre. Ainsi que nous le verrons[76], pour que l'analyse économique du droit puisse voir le jour et croître aux États-Unis, il a fallu que les conditions institutionnelles en soient réunies : à savoir que les *law schools* confient à des professeurs ayant reçu une double formation en droit et en économie (le plus souvent un *PhD* en économie suivi d'un *JD*) des enseignements de droit dans lesquels ces professeurs ont fait prévaloir une méthode d'analyse économique. Or tel n'est pas le cas en France où domine encore le système de l'agrégation qui est mis au service du modèle intellectuel précédemment décrit : préserver l'autonomie du droit à l'égard des sciences sociales. Dans ces conditions, tout effort pour promouvoir l'analyse économique du droit ne peut que montrer ses limites. Et l'analyse économique du droit n'en constitue qu'un exemple.

Est-ce alors dans la création d'un « collège de droit » qu'il faut voir l'innovation majeure ? Celui-ci correspond à un parcours renforcé durant

76. V. *infra*, p. 116.

les trois années de licence pour des étudiants dûment sélectionnés par leur niveau de mention au baccalauréat. Ces étudiants peuvent s'inscrire dans différentes filières (fondements du droit, économie et gestion, internationale) où ils suivent de nombreux séminaires qui ont pour objet de leur donner un surplus de connaissances propre à compléter et enrichir les enseignements traditionnels du cursus commun de licence. La vocation première du collège est ainsi de permettre aux étudiants qui y sont sélectionnés de recevoir des enseignements juridiques approfondis dès leurs premières années d'études. Ce qui ne constitue pas vraiment une innovation pédagogique, mais bien plutôt la confirmation de cette croyance très française dans l'idée que la connaissance d'une matière passe par l'accumulation des cours. Quant à la part de pluridisciplinarité (plus accentuée dans la filière économie et gestion), elle ne s'affranchit guère de la pratique traditionnelle des facultés de droit qui favorisent l'apprentissage d'autres disciplines, plus spécialement depuis la réforme de 1954 qui a peut-être le plus complètement matérialisé le tournant « scientifique » pris durant les premières décennies du XXe siècle. En ce sens, le collège met en œuvre ce projet « scientifique ». Mais pour le reste, il ne tranche pas avec une plus vieille tradition qu'on ne croit : se souvient-on par exemple que les étudiants avaient été encouragés, à partir de 1852, à suivre les enseignements des facultés des lettres, afin « *d'empêcher que nos jeunes légistes ne négligent cette culture littéraire si nécessaire pour toutes les carrières auxquelles conduit l'étude du droit* »[77] ? Désormais, ce ne sont plus les étudiants en droit qui se déplacent dans les facultés des lettres, mais des enseignants d'autres facultés qui se rendent parfois à l'Université Paris II quand ces cours ne sont pas dispensés par des juristes.

Il faut donc ne pas se méprendre sur ce qu'est ce « collège ». Il constitue certes une filière destinée à renforcer la culture générale des étudiants en droit durant leurs premières années d'études, ce qui a été une recherche constante des facultés de droit depuis la fin de l'Empire, mais surtout le moyen de créer une filière dite d'excellence au sein de l'université en distinguant une centaine d'étudiants dont on espère qu'ils feront de meilleurs juristes que ceux qui suivent la filière « normale »[78]. Autrement dit, le collège de droit a principalement pour vocation de pallier un déficit de notoriété des universités dans la concurrence désormais affichée avec d'autres institutions, en recherchant le label « grande école »[79] via la création d'une filière sélective dite d'excellence, sans pour autant constituer une innovation pédagogique ou scientifique majeure.

---

77. Circulaire du 9 juillet 1855 concernant les étudiants en droit, candidats au diplôme de licencié ès lettres (destiné à compléter le décret du 9 juillet 1852) : A. de Beauchamp, *Recueil des lois et règlements sur l'enseignement supérieur*, Delalain Frères, t. II, 1848-1874, p. 442.
78. V. pour une présentation conforme à cet objectif, M.-E. Pech, « Les facultés de droit veulent atteindre l'excellence », *Le Figaro* 18 mai 2011.
79. V. le titre significatif de l'entretien donné par le président Vogel lors de sa création : « "Le Collège de droit" d'Assas, préfiguration d'une Grande École de droit », *JCP G* 2008, I, 212.

Et il en va de même des autres universités qui ont plus ou moins suivi l'exemple donné par Paris II. Le cas de sa rivale Paris I (Panthéon-Sorbonne) est peut-être le plus flagrant[80]. La création en son sein d'une « École de droit de la Sorbonne » n'a nullement eu pour objet de rénover les méthodes pédagogiques ou de rompre avec le modèle doctrinal que j'ai décrit plus haut, voire de sélectionner les étudiants en créant une quelconque filière qualifiée d'excellence, mais plus simplement de capitaliser sur la marque « Sorbonne » mondialement connue et tenter de donner un peu plus de poids à des juristes répartis au sein de l'université entre des UFR distincts. Peut-être faudra-t-il attendre la mise en œuvre éventuelle d'un projet dénommé « Hautes Études Appliquées de Droit », fondé sur un partenariat avec des professionnels du droit proches de certains grands cabinets d'avocats de la place de Paris, pour voir apparaître un projet pédagogique novateur. Mais il est encore trop tôt pour le savoir ; ce qui apparaît à ce jour, c'est toujours le même souci de créer une formation dite d'excellence, mais cette fois en étroite liaison avec certains milieux professionnels qui piloteraient au moins partiellement le projet, dans le domaine spécifique du droit des affaires, l'idée générale étant de sélectionner environ 200 étudiants à l'issue de leur licence en droit pour leur faire suivre un cursus spécifique de trois ans supplémentaires dont une dernière année réservée à l'obtention d'un *LL. M.* aux États-Unis.

---

80. L. Aynès et B. Mathieu, « L'École de droit de la Sorbonne est créée au sein de l'université Paris I », *JCP G* 2009, I, 112.

Ailleurs, plusieurs expériences sont en train de voir le jour ; elles donnent parfois lieu à des innovations pédagogiques. Ainsi l'Université Jean-Moulin (Lyon III) a-t-elle créé son « École de droit de Lyon » où les enseignements sont dispensés à distance[81]. Mais là encore, il s'agit d'une formation complémentaire destinée à un très petit nombre d'étudiants (une trentaine environ) sélectionnés à l'issue de leur licence en droit et dont l'objectif affiché consiste à rapprocher enseignement doctrinal et pratique en favorisant des cours dispensés en binômes constitués d'un professionnel et d'un universitaire. Reconnaissance symbolique d'une formation universitaire, qui voudrait disposer du même crédit qu'une « grande école »[82], et professionnalisation en sont les maîtres mots.

La « professionnalisation » constitue donc une priorité, et cela d'autant plus que le rapport Darrois a préconisé la création d'écoles de professionnels du droit « *qui, à l'issue des études universitaires, assureraient une grande partie de la formation aux principaux métiers du droit* [*et*] *constitueraient un point de passage obligé entre les universités et les actuelles écoles d'application lorsqu'elles existent* »[83]. Néanmoins, le thème de la professionnalisation n'ajoute aucun réel élément de

81. H. Croze et L.-A. Barrière, « La faculté de droit de l'université Lyon III met en place une École de droit, à titre expérimental », *JCP G* 2009, 68.
82. V. les propos de son fondateur, le professeur Croze, à l'égard de Sciences Po : « La diversité des écoles de droit. – À propos de l'école de droit de l'institut d'études politiques de Paris », *JCP G* 2009, 376.
83. J.-M. Darrois, *op. cit*, p. 85.

nouveauté à l'enseignement du droit. Rappelons que les facultés de droit oscillent entre une double vocation professionnelle et « scientifique » depuis leur refondation en 1804. Et ce thème est à l'ordre du jour des politiques universitaires depuis plusieurs décennies : la professionnalisation a été à l'origine des DESS, puis des masters professionnels. Quant aux juristes, ils affichent depuis longtemps cette vocation professionnelle : de nombreux masters 2 professionnels, mais aussi de nombreux masters de recherches, les instituts de droit des affaires ou encore les DJCE la revendiquent de manière très explicite.

Cependant, l'insistance actuelle mise sur le thème de la professionnalisation des études de droit m'apparaît significative : elle démontre peut-être que, en dépit de constants efforts, et cela jusqu'aux plus récents travaux du Conseil national du droit sur les thèses de doctorat dont le caractère devrait être plus professionnel[84], la plupart des praticiens du droit continuent à penser que l'enseignement dispensé dans les facultés de droit ne correspond pas à leurs exigences professionnelles.

Pour le reste, ces expériences n'ont pas vraiment vocation à remettre en cause le modèle intellectuel mis en place au cours du XXe siècle : il s'agit d'ajouter à une formation de nature « technologique » quelques enseignements relevant des sciences sociales et d'insister sur la professionnalisation des études de droit en associant aux universitaires

84. *Conseil national du droit – Travaux*, Litec, 2011, pp. 109-112.

(réputés apporter la rigueur du modèle doctrinal) des praticiens (dotés de leur expérience pratique). La nouveauté tient plutôt à une question d'image : elle consiste à sélectionner un petit nombre d'étudiants au sein de collèges et d'écoles de droit en espérant qu'il en découlera une reconnaissance symbolique auprès des milieux professionnels. Autrement dit, accoler au mot « professionnalisation », d'un usage ancien, celui d'« excellence » ou encore de « filière d'excellence » – ce qui est une façon de tenter de résoudre l'épineuse question de la sélection au sein de l'université. Cependant, il n'est pas certain que cette stratégie suffise à satisfaire tous ces milieux – les notaires n'ont pas renoncé à créer une grande école du notariat propre à les distinguer des autres professionnels du droit. Et cela même si cette stratégie peut produire des effets induits bénéfiques, du moins sur un plan pédagogique. Que l'on songe au recours à l'enseignement à distance avec les expériences qu'elle autorise – telle l'introduction de *serious games* en droit[85] – ou à des cours dispensés à de petits groupes d'étudiants (une centaine) avec son effet éventuel sur les manières d'enseigner (l'interactivité)[86].

85. H. Croze et G. Delabre, « L'utilisation des *serious games* dans l'enseignement du droit », *JCP G* 2010, Entretien, 1197.

86. V. par exemple, les propos du président Vogel : *L'Université, une chance pour la France*, PUF, 2010, p. 76 : « *En pratique, au lieu d'un cours en amphithéâtre devant 300 étudiants, divisons l'auditoire en trois groupes de 100 – le même cours prodigué trois fois –, mais de manière interactive* ».

Chapitre 2

Deux modèles concurrents

Produit d'une histoire institutionnelle et de choix intellectuels spécifiques, le système français de formation des juristes que je viens de présenter n'a rien d'universel. Il appartient simplement à l'un des modèles dominants qui semblent partager le monde[1]. Parlant d'un enseignement juridique professionnel, Max Weber avait distingué au début du XXe siècle entre un enseignement empirique dispensé par des praticiens, dont l'enseignement corporatif anglais constituait le type presque pur, et un enseignement rationnel délivré au sein des universités, dont le modèle dominant était allemand[2].

Cette distinction n'est cependant plus tout à fait d'actualité et elle doit être affinée. Le premier modèle a perdu de sa « pureté » depuis que la part prise par les praticiens dans la formation des juristes anglais, et d'une fraction des pays du *Commonwealth*,

---

1. V. le rapport comparatif rédigé au début des années 1970 par Charles Einsenmann : *Les sciences sociales dans l'enseignement supérieur : droit*, Rapport préparé au nom de l'association internationale des sciences juridiques, Unesco, 1972.
2. M. Weber, *Sociologie du droit*, PUF, Quadrige, 1re éd., 2007, pp. 142-161.

a diminué au profit d'une formation universitaire. Quant au second, il correspond au moins à deux idéaux-types[3]. Le premier est celui que nous connaissons en France, ainsi que dans la majorité des pays situés en Europe continentale et en Amérique du Sud. Il est caractérisé par des études juridiques de longue durée qui commencent dès l'obtention du baccalauréat ou son équivalent, qui peuvent être complétées par un enseignement empirique dispensé par des praticiens (nous l'avons vu pour la France) ou une longue période de stages (ce qui est le cas des étudiants allemands qui deviennent *Referendar* une fois obtenu leur premier examen d'État), l'un et l'autre étant rendus nécessaire pour l'exercice d'une profession juridique. Le second est caractérisé par des études juridiques plus courtes qui commencent après un premier cycle d'études supérieures : le modèle en est aujourd'hui constitué par le système d'enseignement du droit aux États-Unis dont la principale caractéristique est d'avoir largement rompu avec un enseignement doctrinal en dépit de son caractère universitaire.

Pour essayer de mieux apprécier le système de formation des juristes qui s'est mis en place progressivement en France et dont j'ai tenté de déterminer les principales caractéristiques (enseignement universitaire, de longue durée et d'une facture principalement doctrinale, qui commence dès après le

3. V. pour un autre regard, F. Vanistendeal, « À la recherche d'un modèle mondial de l'enseignement du droit : utopie... ou but à atteindre ? », *Liber Amicorum Guy Horsmans*, Bruylant, 2005, p. 1125 *sq*.

baccalauréat, complété en fin de cursus par une formation à caractère plus directement professionnel par ou sous l'autorité de praticiens), peut-être faut-il porter plus spécialement son regard sur les deux modèles alternatifs que sont les modèles anglais et nord-américain (États-Unis). En raison certes de leur singularité, mais aussi parce les débats auxquels ils ont donné lieu nous fournissent des enseignements précieux sur nos propres choix. Le modèle anglais, parce qu'il révèle l'existence d'une tension entre « formation juridique » (*Legal Training*) et « éducation juridique » (*Legal Education*)[4]. Le modèle américain, pour cette raison première qu'il est le produit lointain du tournant réaliste (*American Legal Realism*) que n'ont pas opéré les juristes français, alors même qu'ils y ont indirectement contribué.

A. Le modèle anglais entre *Legal Training* et *Legal Education*

Relever que la formation des *barristers* et des *solicitors* a longtemps constitué l'apanage des seuls professionnels du droit est une banalité. Le rôle des *Inns of Court* (pour les *barristers*) et du *College of Law*

4. J'emprunte ces expressions au professeur John Bell : « Legal Education », *in* P. Cane and M. Tushnet (ed), *The Oxford Handbook of Legal Studies*, Oxford, UP, 2003, p. 901 : « *Training is concerned with providing a person with the knowledge and skills required to undertake a specific and immediate task. It is focused and utilitarian. Education is concerned with enabling an individual to understand and reflect upon knowledge and processes and to be able to act in a critical and responsible manner. It is concerned with critical self-awareness* ».

(pour les *solicitors*) a été maintes fois décrit. Ce qui ne signifie pas que le droit ne fut pas enseigné parallèlement dans les universités. Droit canon et droit romain l'ont été à Oxford et Cambridge depuis le XIIe siècle. Mais il ne s'agissait nullement du droit tel qu'il était pratiqué en Angleterre. En 1846, le *Select Committee on Legal Education* pouvait ainsi constater qu'il n'existait aucune formation juridique digne de ce nom dans le pays (la première chaire de droit anglais remonte à 1829). Un constat qui ne fut guère suivi d'effets en dépit de quelques efforts disparates – en particulier ceux destinés à créer un centre national de formation juridique à Londres qui se heurta au scepticisme des milieux professionnels et académiques. En dépit aussi de la volonté manifestée par certains de voir émerger une littérature juridique propre à mettre un peu d'ordre et d'idées générales dans le foisonnement de la *common law* – on se souvient de la célèbre leçon inaugurale prononcée en 1883 par Dicey : « *Can English Law Be Taught at the Universities ?* ». Bref, il n'y avait encore que 130 enseignants de droit dans les universités anglaises à la fin des années 1930 (la plupart étant d'ailleurs loin d'exercer à plein temps) et quasiment pas de littérature doctrinale. Et cela parce que le prestige des milieux académiques était quasiment nul auprès de praticiens très fortement encouragés par des juges à ne citer aucune référence doctrinale devant eux – à quelques exceptions près (Bracton, Blackstone, Coke et quelques autres). Comme Frederick Pollock (1845-1937) avait pu le recueillir de son grand-père : le droit s'apprenait dans les *reports*, non dans les *treatises*[5].

Les choses n'évoluèrent pas vraiment durant l'immédiat après-guerre en dépit de quelques propos isolés – dont ceux du professeur Gower qui plaida en 1950, lors de sa leçon inaugurale à la *London School of Economics*, pour une nette séparation entre les études théoriques de facture universitaire et les enseignements pratiques, en même temps qu'il souhaitait que l'apprentissage du droit ne fût pas coupé de son contexte social. Ce n'est cependant que deux décennies plus tard qu'apparut un fort mouvement de contestation (sur la nature des recherches, les méthodes pédagogiques, le cursus des étudiants, etc.) mené par des universitaires qui avaient pour la plupart vécu des expériences d'enseignement à l'étranger (aux États-Unis, mais aussi en Afrique ou dans les pays du *Commonwealth*). Néanmoins, les juristes ne participèrent à peu près pas au mouvement d'expansion des universités anglaises durant les années 1960 ; l'étude du droit y était encore majoritairement perçue comme une affaire de professionnels (*professional training*). Il fallut attendre 1967 pour que soit installée une commission de réforme des études juridiques présidée par Sir Roger Ormrod, à l'époque juge à la *High Court*. Or le rapport que cette commission rendît en 1971 a marqué une étape décisive dans l'histoire de l'enseignement du droit en Angleterre.

5. V. la lettre citée par P. Birks, « Adjudication and interpretation in the common law : a century of change », (1994) 14 *Legal Studies* 156, 163.

Son apport majeur : avoir fait admettre qu'un diplôme universitaire sanctionnant des études de droit (suivies le cas échéant dans l'un des *polytechnics*) devait constituer la voie d'accès normal à l'exercice d'une profession juridique ou judiciaire. L'obtention d'un diplôme de droit sanctionnant trois années d'études supérieures, commencées dès la fin des études secondaires (*undergraduates*), allait désormais devenir la norme. Le rapport Ormrod distinguait plus spécialement trois étapes dans la formation des juristes : une étape universitaire (*the academic stage*), suivie d'une formation professionnelle d'une année (*the vocational stage*) à laquelle devait s'ajouter par la suite une formation continue pour tous les praticiens (*continuing education*).

Néanmoins, l'obtention d'un diplôme juridique n'était pas rendue obligatoire. Les membres de la commission reconnaissaient que les professions juridiques en Angleterre avaient toujours attiré des recrues diplômés d'autres disciplines (Sir Ormrod était lui-même docteur en médecine) et en avaient retiré le plus grand profit. Aussi les écoles de droit ne se voyaient pas reconnaître le monopole de la formation académique : des diplômés dans d'autres disciplines pouvaient rejoindre les professions juridiques à la condition de passer un examen portant sur le droit sanctionnant un « *conversion course* ». Fait intéressant pour la suite de mon propos (le cursus des étudiants de Sciences Po) : la commission Ormrod inventait un système de formation des juristes qui pouvait combiner un enseignement sanctionnant trois années d'études supérieures dans une discipline quelconque suivie de deux années de formation au droit (les fameux « *conversion courses* »), les professionnels allant même jusqu'à soutenir avec succès qu'une année pouvait suffire. Autre fait intéressant : en attribuant aux écoles de droit un moindre rôle dans la formation professionnelle des juristes, puisque l'obtention d'un diplôme de droit n'était pas rendue obligatoire, le système anglais allait conférer à ces écoles une assez grande liberté académique qui autoriserait toutes les formes d'innovation en matière pédagogique et de recherches[6].

Dans les deux décennies ayant suivi la remise de ce rapport, le nombre des étudiants en droit (*undergraduates*) a beaucoup augmenté, de même que celui des universitaires qui se consacrent à temps plein à l'enseignement du droit et à la recherche juridique. Et plusieurs expérimentations ont eu lieu dans différentes institutions parmi les moins traditionnelles (dont Kent et Warwick sont de très bons exemples) pour introduire les études pluridisciplinaires, des recherches critiques, ou encore des « *clinics* » (propres à rendre plus poreuse la distinction entre *academic stage* et *vocational stage*), en un mot pour

6. V. sur ce thème, W. Twining, *Blackstone's Tower : The English Law School*, Sweet & Maxwell, 1994, p. 37 : « *Almost as important was the fact that university law schools were given far less responsibility in the process of professional formation than in most countries in the world. This undoubtedly reinforced the trend towards assimilation of law schools into the academy as liberal arts departments rather than professional schools. Ironically the provision for non-law graduate entry strengthened academic freedom : law schools did not have a monopoly over the academic stage, but the existence of conversion courses for non-law graduates served as a buffer against direct professional influence on law degrees...* ».

rompre partiellement avec la « *black-letter tradition* », qui correspond au modèle doctrinal tel qu'il l'emporte massivement en France[7].

Pour autant, ces éléments ne sont pas les seuls à caractériser aujourd'hui le système anglais. L'introduction d'un contrôle national de la qualité de l'enseignement supérieur (*Teaching Quality Assessment*) durant les années 1990, de même temps que l'augmentation notable des frais d'inscription, ont en particulier placé les écoles de droit en concurrence les unes avec les autres[8].

En définitive, en une quarantaine d'années, l'Angleterre aura construit un système de formation au droit tout à la fois concurrentiel (entre universités et entre types de formation) et de facture proprement académique, au point de ne pas se limiter à un enseignement technique, alors que ce système était traditionnellement constitué d'un seul et unique apprentissage professionnel auprès de praticiens. Mais il s'agit d'un système de formation de courte durée (entre un et trois ans selon que les étudiants ont suivi des études supérieures avant de commencer leurs études de droit) dont les professionnels sont loin d'être absents.

---

7. V. sur les parts respectives de l'analyse doctrinale classique et des approches plurielles (pluridisciplinaires, contextuelles, critiques, etc.), F. Cownie, *Legal Academics*, Hart, 2004, pp. 54-58 et pp. 197-199.
8. G. Samuel et S. Mills, « L'enseignement du droit en Angleterre », *RRJ – Droit prospectif* 1998, pp. 1538-1539.

B. Les États-Unis ou le lointain héritage du mouvement réaliste

Tout comme en Angleterre, la pratique du droit aux États-Unis n'a pas toujours été tributaire de l'obtention d'un diplôme sanctionnant des études juridiques. Longtemps, l'expérience acquise auprès d'un professionnel a suffi à la formation des juristes. Et cela même si les États-Unis ont compté certains établissements (la plupart au sein des collèges universitaires) où le droit fut enseigné au cours du XVIIIe siècle. Mais c'est bien plus tôt qu'en Angleterre que l'institutionnalisation de l'enseignement du droit est devenue un enjeu majeur. Elle le devient dès la moitié du XIXe siècle, avant tout en raison de l'accroissement considérable du nombre des *lawyers* qui exercent un rôle fondamental dans le développement de l'industrie et du secteur bancaire durant cette période. En un mot, la part que joue le droit dans la structuration de la société américaine et son expansion économique exige des juristes mieux formés, mieux organisés – la création de l'*American Bar Association* date de 1878 – et plus strictement sélectionnés par un examen d'entrée au barreau. Mais aussi des juristes qui ne soient pas seulement des plaideurs, plutôt des professionnels capables de travailler étroitement avec les milieux d'affaires qui sont directement à l'origine de la création des premières *corporate law firms* new-yorkaises. C'est d'ailleurs dans cet esprit qu'est instituée en 1857 l'école de droit de l'Université Columbia qui l'emporte alors sur ses rivales en raison de sa proximité avec *Wall Street* – au point d'être comparée au

West Point de la profession par un orateur (Benjamin Silliman) qui approuve dans le même temps (nous sommes en 1867) les propos de Tocqueville retenant que « *l'aristocratie américaine est au banc des avocats et sur le siège des juges* »[9].

Ce fut néanmoins de l'Université Harvard que vint la première révolution pédagogique dans les études de droit. Celle-ci est le plus souvent associée à l'action d'un homme : Christopher Columbus Langdell, doyen de l'école de droit entre 1870 et 1895[10]. Nommé par le chimiste Charles W. Eliot, qui préside l'université depuis l'année précédente et entend réformer les méthodes d'enseignement universitaire, Langdell veut hisser l'enseignement du droit au même rang que celui des sciences, à la fois pour assurer la légitimité de l'école de droit au sein de son université et hausser encore le prestige des *lawyers* dans la société américaine – ce qui favorisera par la suite le développement d'un système de *fundraising*. Il va donc s'employer à faire du droit et de son enseignement une « science ».

Au moment où les juristes français commencent à glorifier la systématisation du droit dans les traités, qui constitue la manière dont ils pensent hisser le droit au rang de science, Langdell veut rompre avec la tradition américaine de l'enseignement du droit par les traités – ceux de Blackstone ou

9. V. sur ce discours, R. Stevens, *Law School – Legal Education in America*, The University of North Carolina Press, 1983, p. 23.
10. V. récemment, B. A. Kimball, *The Inception of Modern Professional Education – C. C. Langdell, 1826-1906*, The University of North Carolina Press, 2009.

de Kent. Et il veut aussi rompre avec les cours magistraux – les *lectures*. Aux traités et aux *lectures*, il entend substituer méthode des cas (*case method*) et méthode socratique. L'une et l'autre ont été trop souvent et amplement décrites pour qu'il soit nécessaire d'y revenir longtemps. Il s'agit pour les étudiants d'étudier en bibliothèque ou via des *casebooks* (qui n'existent à l'origine qu'en raison du nombre insuffisant de *case reports* disponibles dans les bibliothèques) les décisions des juridictions supérieures (*appellate cases*) et de sélectionner celles qui permettront de déduire des principes généraux susceptibles d'être appliqués dans d'autres cas similaires. En ce sens, la fréquentation de la bibliothèque de droit devient essentielle dans l'apprentissage de celui-ci – au même titre que l'hôpital l'est pour les étudiants en médecine[11]. Pour autant, cette sélection ne peut se faire qu'au sein de la salle de cours en présence du professeur qui ne délivre plus un cours magistral devant un parterre silencieux, mais interroge ses étudiants sur des documents bruts (les *cases*) et discute avec eux afin de les amener progressivement à raisonner comme des juristes (*to think like a lawyer*).

11. V. sur ce thème, A. Chase, « The Birth of the Modern Law School », 23 *Am. J. Legal Hist.* 329, 341-342 (1979), qui relève les propos suivants du président Eliot tenus dans le rapport annuel de l'Université Harvard pour 1873-74 : « *The medical student must spend a large part of his time in hospitals ; but a law student who should habitually attend courts, except during the short period when he is acquainting himself with office work and practice, would waste his time. The law library, and not the court or law office, is the real analogue of the hospital* ».

Méthode des cas et méthode socratique ont une fonction initiatique : elles consistent, au cours de ces débats contradictoires permanents au sein de la classe, à apprendre au futur juriste à maîtriser le langage du droit, ses catégories mentales et la technique qui le structurent, à lui apprendre à discerner les concepts et les principes « cachés à l'intérieur des cas » (*concepts and principles hidden inside the cases*) ; en un mot, il s'agit de lui inculquer le « vrai discours » juridique.

Cette première réforme méthodologique fit véritablement l'effet d'une bombe, mais elle finit, après une quarantaine d'années, par devenir la norme dans les écoles de droit aux États-Unis, du moins pour les enseignements de première année.

Cependant, elle n'est pas la seule des réformes initiées par Langdell. S'en ajoutent d'autres de nature plus directement institutionnelle. Pour promouvoir la valeur scientifique de l'enseignement du droit, Langdell défend aussi l'idée que celui-ci ne doit définitivement plus être dispensé au sein des collèges universitaires, mais prendre place à un stade plus avancé des études (*graduate studies*). Pour être admis dans une école de droit, les étudiants devront donc être titulaires d'un *bachelor* ou réussir un examen d'entrée. De même, Langdell soutient avec succès que la durée des études juridiques doit passer de deux à trois ans, le passage d'une année à une autre étant au surplus soumis à la réussite à un examen[12]. De même encore, il fait en sorte de recruter des professeurs à temps plein. Ceux-ci étaient traditionnellement des praticiens qui prenaient de leur temps pour venir enseigner au sein des écoles de droit. Les choses changeront en premier lieu à Harvard avec le recrutement d'un ancien étudiant de Langdell, James Barr Ames, qui lui succèdera bientôt dans les fonctions de doyen (entre 1895 et 1910) tout en contribuant à promouvoir la *case method*. Ames avait d'ailleurs cette particularité de n'avoir jamais été praticien – Langdell, qui avait lui-même pratiqué le droit à New York pendant seize ans, soutenant que l'expérience du barreau ne servait pas à qualifier un professeur qui devait plutôt avoir une expérience de l'enseignement.

Alors même que les idées promues par Langdell puis Ames se répandent à travers les États-Unis, elles vont faire l'objet des plus vives critiques de la part des tenants du *Legal Realism* durant les années 1920-1930. Ceux-ci soutiennent en particulier que la *case method* est inapte à former des juristes capables de conseiller utilement leurs clients pour cette raison qu'elle se borne à l'étude des opinions exposées formellement par les juges dans leurs jugements, qui plus est par les juges des seules juridictions supérieures. Or, écrit par exemple l'iconoclaste Jerome Frank, les opinions ne sont pas des décisions ; elles ne sont que des « *explications émasculées*

12. R. Stevens, *Law School – Legal Education in America*, The University of North Carolina Press, 1983, pp. 36-37.

des décisions » (*emasculated explanations of decisions*)[13]. Car ces opinions ne révèlent qu'une part infinitésimale des raisons de décider qui sont au surplus loin de relever du seul discours doctrinal. Le mouvement réaliste se caractérise en effet au moins pour partie par l'insistance mise sur l'indétermination des doctrines juridiques. Celles-ci sont jugées suffisamment ambiguës ou emplies de contradictions internes pour justifier n'importe quelle solution. Ce qui ne signifie pas néanmoins que les solutions retenues soient arbitraires ou le résultat d'un pur caprice des juges. Pour les expliquer et tenter de les anticiper ou de les prévoir, ce qui relève de la fonction du juriste quand il conseille un client, il faut donc ne pas s'en tenir aux seules justifications formelles que livrent les jugements. Il faut élargir le champ de l'investigation, ne pas se borner au discours doctrinal ou à l'analyse des précédents (les réalistes ne croyant guère à l'inviolabilité du *stare decisis*) et donc ne pas se limiter au droit tel qu'il est exprimé dans les livres. Il faut au contraire essayer de comprendre la façon dont ce droit fonctionne concrètement. Ce qui doit inciter les juristes, non seulement à regarder du côté d'autres disciplines que le droit au point d'aller jusqu'à les intégrer dans le discours juridique[14], mais aussi à s'intéresser de très près à la

13. J. Frank, « Why not a Clinical Lawyer-School ? », 81 *U. Pa. L. Rev.* 907, 911 (1932-1933).

14. V. sur ce thème, G. Gilmore, *The Ages of American Law*, Yale UP, 1977, p. 87 : « *At the hands of Realists, the slogan "law is a science" became "law is a social science"... the Realists talked of economics and sociology not merely as allied disciplines, but as disciplines which were in some sense part and parcel of law* ».

pratique[15]. Autrement dit, privilégier le droit en action (*law in action*) sur le droit des livres (*law in books*) pour reprendre le titre d'un article célèbre (et fondateur du réalisme américain) de Roscoe Pound paru en 1910[16].

Cette critique radicale des idées de Langdell aboutit à un bouleversement du programme de formation des juristes. C'est ainsi que Jerome Frank souhaite que les professeurs de droit aient été des praticiens, dans les domaines ou les institutions les plus diverses, durant une bonne décennie avant d'intégrer les écoles de droit. Et cela afin qu'ils n'enseignent pas seulement le droit des livres de droit – autrement dit qu'ils ne soient pas des « *book-law teachers* »[17]. Quant à la bibliothèque, elle ne doit plus être au centre des écoles de droit. Frank défend plutôt la mise en place de *clinics* à l'image de ce qui existe en médecine. Non pour que les étudiants soient capables de traiter plus vite les dossiers qui leur seront confiés quand ils deviendront des praticiens, mais pour qu'ils aient une perception plus exacte du droit tel qu'il fonctionne vraiment, pour approfondir leur compréhension théorique du

15. V. sur le thème de l'indétermination et ses conséquences, A. Chase, « American Legal Education since 1885 : The Case of the Missing Modern », 30 *N. Y.L. Sch. L. Rev.* 519, 535-536 (1985).

16. R. Pound, « Law in Books and Law in Action », 44 *American Law Review* 12 (1910).

17. J. Frank, art. précité, p. 915 : « *Many of our law schools are so staffed that they are best equipped not to train lawyers but to graduate men able to become book-law teachers who can educate still other students to become book-law teachers – and so on ad infinitum. They are not lawyer-schools (as they should be primarily) but law-teacher schools* ».

droit[18]. Dans cet esprit, il va jusqu'à défendre la création de *clinical law schools*. À défaut, précise-t-il, les étudiants devraient travailler à intervalles réguliers, dès leurs premiers jours au sein de l'école de droit et sous le contrôle de leurs professeurs, dans des cabinets d'avocats soigneusement choisis et dont les membres, qui superviseraient leur travail, seraient étroitement associés à la formation des apprentis juristes[19].

À dire vrai, cette idée des *clinics* ne sera expérimentée que durant les années 1930. Malgré les efforts de Karl Llewellyn pour la relancer après la Seconde Guerre mondiale, elle sera à peu près abandonnée jusqu'au moment où, au cours des années 1960, une forte pression sera mise sur les professionnels du droit pour prendre en charge les plus pauvres. L'aide juridique deviendra un temps le support des *clinics*, mais sans réel succès. Plusieurs raisons se conjuguent en effet pour rendre à l'époque les expériences difficiles à réaliser : leur coût de mise en œuvre, le temps qu'elles prennent, ou encore la difficulté à trouver des enseignants compétents.

En définitive, les critiques virulentes des tenants du réalisme contre le mode traditionnel d'enseignement du droit hérité de Langdell n'auront pas vraiment permis de remettre en cause méthode socratique et *case method*. Ces critiques en auront néanmoins changé le sens : la *case method* ne sera plus conçue comme le moyen de parvenir à une

18. V. sur ce point, G. S. Grossman, « Clinical Legal Education : History and Diagnosis », 26 *J. Legal Educ.* 162, 171 (1973-1974).
19. J. Frank, art. précité, p. 920.

solution scientifiquement exacte, le moyen de percevoir les principes irrigant secrètement les jugements ; l'accent sera plutôt mis sur l'analyse des modes de raisonnement des juges et du processus de prise de décision, ou encore sur la compréhension du langage et des catégories du droit plutôt que sur sa substance même. Quant aux *clinics*, elles seront remises au goût du jour quelques décennies plus tard, mais sous l'influence d'un autre facteur qui constitue à certains égards le contrecoup d'un double mouvement – intellectuel et institutionnel – qu'on peut faire remonter au début des années 1970. Un double mouvement qui constitue à mon sens la troisième et dernière inflexion dans l'histoire de l'enseignement du droit aux États-Unis – après Langdell (1870) et le Réalisme (1930).

Sur le plan intellectuel, deux événements au moins doivent être pris en considération. En premier lieu, le mouvement de contestation qui embrase les campus américains durant les années 1960 atteint les écoles de droit les plus prestigieuses. C'est ainsi que les étudiants de Yale contestent le caractère conservateur tout à la fois du contenu des cours et des méthodes d'enseignement[20]. Dix ans plus tard, c'est le campus de Harvard qui fait l'objet d'une guerre de tranchées au sein même du corps professoral entre les universitaires les plus traditionnels et les promoteurs d'un puissant mouvement critique – plus connu sous le nom de *Critical*

20. V. en particulier, L. Kalman, *Yale Law School and the Sixties*, The University of North Carolina Press, 2005.

Legal Studies[21]. C'est à cette époque que le professeur Duncan Kennedy peut publier sa critique radicale du système d'enseignement des écoles de droit – dont la méthode socratique telle qu'elle est plus spécialement pratiquée en première année[22]. En second lieu, un autre mouvement commence à prendre de l'ampleur jusqu'à l'emporter dans les esprits à partir des années 1990 : né trois décennies plus tôt à Chicago, le mouvement *Law & Economics* investira bientôt tous les campus américains, au point que la majorité des cours en soit aujourd'hui imprégnée.

Profondément opposés sur un plan politique, ces deux mouvements (*Critical Legal Studies* et *Law & Economics*), qui sont aujourd'hui loin de constituer deux blocs homogènes, auront dominé le débat académique aux États-Unis durant les années 1970-1980 – même s'il est bien certain qu'ils ne l'épuisent pas. Et ils peuvent être considérés comme deux faces de l'héritage du Réalisme, l'un et l'autre reposant sur une critique de l'autonomie du droit – le premier au profit du politique, le second de l'économie. Mais alors que les tenants de *CLS* sont

21. Parmi une littérature considérable, on peut lire la synthèse peu connue, mais à mon sens remarquable, de Dennis M. Davis et Karl Klare : « Transformative Constitutionalism and the Common and Customary Law », 26 *South African Journal on Human Rights* 403, 435-449 (2010). – *Adde*, sur les conceptions de *CLS* en matière d'enseignement du droit, v. la synthèse de R. W. Gordon, « Critical Legal Studies as a Teaching Method, Against the Background of the Intellectual Politics of Modern Legal Education in the United States », (1989) 1 *Legal Educ. Rev.* 59, 75-83.

22. D. Kennedy, *Legal Education and the Reproduction of Hierarchy – A Polemic against the System*, New York UP, 2004 (la première édition remonte à 1983).

convaincus que les contradictions internes au système juridique sont irréductibles, au point qu'ils seront qualifiés de « juristes nihilistes » et parfois sommés de quitter les écoles de droit, les promoteurs de *L&E* soutiennent, au moins à l'origine, que l'analyse économique est à même de fournir une connaissance proprement scientifique de la manière dont fonctionne ce système[23].

Ces deux mouvements antagonistes convergeront néanmoins pour remettre en cause les finalités classiques de l'enseignement du droit, au point peut-être de « *faire voler en éclats le consensus libéral* » qui l'emportait au sein des facultés de droit depuis la Seconde Guerre mondiale[24]. Il n'est pas certain que l'on puisse suivre jusqu'au bout Anthony T. Kronman, alors doyen de l'école de droit de Yale, qui écrivit au cours des années 1990 que l'un et l'autre ont convergé pour remettre en cause l'apprentissage de la « *sagesse pratique* » que valorisaient les écoles de droit[25], mais une chose est certaine :

---

23. V. les propos caractéristiques de R. A. Posner : « Volume one of the Journal of Legal Studies – an Afterword », 1 *J. Legal Stud.* 437 (1972) : « *The aim of the* Journal *is to encourage the application of scientific methods to the study of the legal system. A biology is to living organisms, astronomy to the stars, or economics to the price system, so should legal studies be to the legal system : an endeavor to make precise, objective and systematic observations of how the legal system operates in fact and to discover and explain the recurrent patterns in the observations – the "laws" of the system* ».
24. L. Kalman, *The Strange Career of Legal Liberalism*, Yale UP, 1996, p. 94 : « *The arrival of law and economics and critical legal studies shattered the liberal consensus* ».
25. A. T. Kronman, *The Lost Lawyer – Failing Ideals of the Legal Profession*, Harvard UP, 1993, p. 168.

celles-ci se seront avec eux peu à peu éloignées de l'apprentissage doctrinal du droit, tant apprécié des praticiens mais souvent assez terne, au profit d'un enseignement à forte dimension « théorique » qui donnera une ampleur pleinement intellectuelle aux enseignements dispensées au sein des écoles de droit ainsi qu'aux écrits émanant de leurs membres.

Ces écoles auront en ce sens été puissamment soutenues par une évolution institutionnelle. Durant les années 1970, ni les départements de sciences humaines et sociales des universités ni les diverses instances gouvernementales ne sont toujours en mesure de fournir des emplois aux étudiants ayant soutenu une thèse de doctorat. Ces derniers songent alors à rejoindre des écoles de droit qui doivent faire face à un afflux massif d'étudiants durant cette même période. Il suffit alors à ces docteurs de s'inscrire eux-mêmes dans une école de droit pour y obtenir le classique *JD* (sanctionnant trois ans d'études juridiques) puis de postuler à un emploi, le plus souvent après avoir obtenu un poste de rédacteur au sein de la revue juridique de leur université. C'est ainsi que de nombreux docteurs de toutes disciplines – de la théorie littéraire aux mathématiques en passant par l'économie ou l'histoire – vont investir les écoles de droit, ce qui aura pour effet d'amplifier considérablement le mouvement dit du « *Law and...* » – *society*, *economics*, *anthropology*, *feminism*, *litterature* – né de la remise en cause de l'autonomie du droit[26].

26. V. l'article classique de R. A. Posner, « The Decline of Law as an Autonomous Discipline : 1962-1987 », 100 *Harv. L. Rev.* 761 (1987).

Il s'ensuit qu'au rebours de la France (dont on a vu qu'elle avait eu la même tentation au début du XXe siècle) l'analyse doctrinale classique aura reculé massivement aux États-Unis. Le temps n'est plus à la domination sans partage des traités systématiques (un systématisme qui n'a cependant jamais atteint celui des traités français ou allemands) ni même à l'analyse doctrinale (*doctrinal analysis*), mais aux articles pluridisciplinaires publiés dans la masse énorme (à peu près 600 aujourd'hui) et croissante des revues juridiques universitaires – cette institution d'excellence de la culture juridique américaine. Au point que l'on puisse soutenir que la plupart des professeurs qui enseignent au sein des écoles de droit les plus prestigieuses (formant l'élite du barreau) sont devenus les meilleurs généralistes de l'interdisciplinarité[27].

Or cette situation ne manque pas de susciter une crise d'identité au sein du monde académique. Voici en effet des universitaires dont la fonction est de former de futurs praticiens désireux d'acquérir des connaissances proprement juridiques, mais dont une large part des travaux académiques les éloignent du droit le plus classique, de ce qu'on peut appeler la « *doctrinal analysis* ». Et cela parce

27. V. récemment, S. M. Feldman, « The Transformation of an Academic Discipline : Law Professors in the Past and Future (or Toy Story Too) », 54 *J. Legal Educ.* 471, 473 (2004) : « *What type of university professors can legal academics be, particularly if they no longer write scholarship oriented around the practices of lawyers and judges ? One answer lies in interdisciplinarity. Law schools already tend to be more interdisciplinarity than other departments, and law professors might stake out a new expertise, as interdisciplinarians* ».

qu'ils ne considèrent plus que leur lectorat soit principalement composé de praticiens et de juges, mais avant tout de leurs collègues des autres départements universitaires dont ils sont eux-mêmes le plus souvent issus. Ce qui n'a d'ailleurs pas manqué de produire des effets très concrets qui ont été mesurés empiriquement. C'est ainsi qu'on a calculé que le nombre de citations issues d'articles publiés dans des revues de droit par les cours fédérales et les cours suprêmes des États avaient décru de 47,35 % entre 1975 et 1996[28].

L'objectif de la plupart des universitaires, qui revendiquent leur statut d'intellectuels et usent pleinement de leur liberté académique, n'est donc plus d'exercer une influence sur les décisions des juges. Cette nouvelle tendance n'a pas manqué de susciter des réactions, parfois très vives, de la part des praticiens. Dès 1992 avec la publication du *McCrate Report*, la puissante *American Bar Association* – qui exerce une tutelle très importante sur les écoles de droit et leurs programmes d'enseignement[29] – relevait que les travaux des universitaires étaient de moins en moins pertinents pour l'activité quotidienne des professionnels. La même année, le juge

28. M. D. McClintock, « The Declining Use of Legal Scholarship by Courts : An Empirical Study », 51 *Okla. L. Rev.* 659, 684 (1998).

29. Rappelons que, dans la quasi-totalité des États américains, l'accès au barreau est soumis à une double condition : avoir obtenu un *JD* dans une école de droit dont les programmes d'enseignement sont certifiés par le barreau en fonction de standards très précis, et réussi l'examen d'accès au barreau de l'État où l'étudiant entend exercer.

Harry T. Edwards publiait un article retentissant sur la séparation croissante du monde universitaire et de la pratique[30], article dont les thèses trouveraient bientôt un certain écho dans divers travaux universitaires, mais aussi sous la plume de plusieurs juges de la Cour suprême[31].

À dire vrai, il me semble que cette critique n'a fait que reprendre à nouveaux frais les propos tenus par une fraction des praticiens à une époque où les études juridiques avaient un caractère théorique moins accentué. Souvenons-nous, par exemple, d'une célèbre conférence prononcée en 1973 par le juge en chef de la Cour suprême de l'époque, Warren E. Burger[32]. Constatant que les écoles de droit ne transmettaient pas à leurs étudiants une connaissance suffisante de la pratique des tribunaux, spécialement en matière criminelle, il y avait soutenu que les deux premières années d'études suffisaient à l'apprentissage des fondamentaux du droit (*basic legal education*) et que la troisième année devait être consacrée à des enseignements plus concrets et spécialisés, enseignements dont il constatait d'ailleurs qu'ils étaient partiellement pris en charge par les *law clinics*.

Cette idée était d'ailleurs dans l'air du temps : « *Two years in law school; one in lawyer school* »

30. H. T. Edwards, « The Growing Disjunction Between Legal Education and the Legal Profession », 91 *Mich. L. Rev.* 34 (1992).
31. S. M. Feldman, art. précité, pp. 487-488, et les réf. citées.
32. W. E. Burger, « The Special Skills of Advocacy : Are Specialized Training and Certification of Advocates Essential to Our System of Justice ? », 42 *Fordham L. Rev.* 229 (1973-1974).

avait-on soutenu la même année[33]. Et cette idée n'a jamais cessé d'être présente dans les esprits. Si les études de droit durent trois ans depuis la réforme promue par Langdell, la troisième année constitue depuis longtemps un sérieux motif d'interrogations. C'est durant cette troisième année que les étudiants commencent à travailler pour des cabinets d'avocats, au moins à temps partiel. Et c'est durant cette même année que sont dispensés les cours les plus originaux et les plus novateurs, quand ne sont pas mis en œuvre les programmes de *law clinics*. Plus récemment, la crise économique, qui a très profondément affecté la situation financière des universités américaines, a en outre incité plusieurs d'entre elles à porter leur regard hors les frontières nationales : envoyer un étudiant de troisième année passer un semestre dans un établissement étranger présente le double avantage de lui ouvrir l'esprit à des réalités dont les juristes apprennent qu'elles ne sont pas toutes américaines – Harvard vient d'introduire un cours de droit comparé dès la première année – et de ne pas le conserver sur place, ce qui est une source d'économie.

En toute hypothèse, le mouvement né dans les années 1970 a suscité tout à la fois une crise d'identité des universitaires américains et une très forte réaction du barreau dont le pouvoir sur les écoles de droit est incomparable par rapport à la France. Ce qui importe aujourd'hui aux yeux de celui-ci, c'est de bâtir des ponts vers la pratique au cours

33. B. Manning, « Law Schools and Lawyer Schools – Two-Tier Legal Education », 26 *J. Legal Educ.* 379, 382 (1973-1974).

des années de formation des étudiants, selon un discours que relaient d'ailleurs certaines institutions qui réfléchissent à l'évolution de la pédagogie – dont le fameux rapport de la fondation *Carnegie* de 2007[34]. Et la crise économique pourrait constituer un puissant levier en ce sens. C'est ainsi qu'on a récemment soutenu que la plupart des plus importants cabinets d'avocats n'auraient bientôt plus les moyens financiers de former pendant leurs premières années d'exercice professionnel de jeunes esprits maîtrisant excellemment la théorie, et que ces cabinets souhaiteraient disposer de jeunes praticiens plus rapidement opérationnels – s'agissant du moins des diplômés des universités de second rang[35]. Une thèse dont le *New York Times* s'est récemment fait le relais en publiant une série d'articles critiques sur la capacité des écoles de droit à former des praticiens du droit et de le faire à un coût raisonnable par rapport aux perspectives d'embauche[36].

34. W. M. Sullivan, A. Colby, J. W. Wegner, L. Bond & L. S. Shulman, *Educating Lawyers – Preparation for the Profession of Law*, The Carnegie Foundation for the Advancement of Teaching, 2007, dont le chapitre 3 s'intitule de manière expressive : *Bridges to Practice – From « Thinking like a Lawyer » to « Lawyering »*.
35. V. en ce sens, D. Thies, « Rethinking Legal Education in Hard Times : The Recession, Practical Legal Education, and the New Job Market », 59 *J. Legal Educ.* 598 (2010). – V. aussi l'article en réponse de J. W. Wegner, « Response : More Complicated than We Think », 59 *J. Legal. Educ.* 623 (2010).
36. V. en particulier, D. Segal, « Is Law School a Losing Game ? », *New York Times* 8 janv. 2011, et « What They Don't Teach Law Students : Lawyering », *New York Times* 19 nov. 2011 ; « Law School Economics : Ka-Ching ! », *New York Times* 16 juill. 2011 ; C. Winston, « Are Law Schools and Bar Exams

En définitive, il apparaît que les écoles de droit nord-américaines sont aujourd'hui en train de chercher un point d'équilibre entre deux pôles distincts. D'un côté, une accentuation certaine de la sophistication théorique des études de droit dont le caractère pluridisciplinaire apparaît de plus en plus marqué – sous la double influence intellectuelle et institutionnelle que j'ai décrite. De l'autre, le souci contraire – puissamment relayé par le barreau – de ne pas couper de la pratique la formation académique des futurs *lawyers*. Ce qui engendre une série de réformes et projets de réformes tournés vers la professionnalisation des études de droit : la création, en première année, de cours d'introduction au « *federal administrative agencies, statutes and regulations* » (une petite révolution dans l'univers américain qui privilégie à ce stade des études la *case method*), un nouvel accent mis sur les *law clinics* (qui connaissent une croissance exponentielle dans tous les domaines), le *legal counseling* (qui a donné lieu à un premier *textbook* à UCLA), les *problems solving workshops* (mis en place à Harvard dès la

---

Necessary ? », *New York Times* 24 oct. 2011. – V. aussi la réplique de Stanley Fish, « Teaching Law », *New York Times* 12 déc. 2012. – *Adde*, C. Winston, R. W. Crandall and V. Maheshri, *First Thing We Do, Let's Deregulate All the Lawyers*, Brookings Institution Press, 2011, qui prônent une dérégulation à peu près complète des professions du droit et s'en prennent donc au monopole des écoles de droit (et des trois années de formation) pour abaisser les droits d'entrée sur le marché des services juridiques. – V. encore le récent symposium qui s'est tenu en 2010 à l'Université du Maryland, « The Profession and the Academy : Adressing Major Changes in Law Practice » dont les actes ont été récemment publiés : 70 *Md. L. Rev.* 307 (2010-2011).

première année)[37] ou encore le développement de *legal research and writing programs* (plus traditionnels). Voire la création de cursus alternatifs à ceux des principales écoles de droit du pays, cursus plus largement tournés vers l'apprentissage par la pratique[38]. Autrement dit, le partage des rôles pourrait ne plus tout à fait demeurer ce qu'il est aujourd'hui : aux écoles la délivrance d'un savoir théorique, de facture très sophistiquée pour les écoles d'élite, et aux cabinets (ou aux diverses instances gouvernementales) la formation pratique au cours des premières années d'exercice de la profession. Cette formation pratique pourrait être plus amplement intégrée dans le cursus universitaire lui-même – au point de réduire parfois certaines *law schools* au rang de départements externalisés de formation des cabinets d'avocats.

37. Sur ce thème, on se souvient de l'importante conférence donnée en 1999 devant l'association américaine des facultés de droit par Janet Reno, à l'époque *Attorney General* des États-Unis : « Lawyers as Problem-Solvers : Keynote Adress to the AALS », 49 *J. Legal Educ.* 5 (1999).
38. V. par exemple, C. Hempel and C. Seron, « An Innovative Approach to Legal Education – The Founding of the University of California, Irvine, School of Law », *in* S. L. Cummings (ed), *The Paradox of Professionalism – Lawyers and the Possibility of Justice*, Cambridge UP, 2011, p. 169 *sq*. – *Adde*, pour une présentation synthétique du projet pédagogique mis en œuvre depuis plus de quarante ans à l'Université Northeastern, E. McArdle, « Follow the (Quiet) Leader », *Northeastern Law*, Spring-Summer 2011, p. 13 *sq*.

Chapitre 3

Les attentes des praticiens

Entre l'étude de la France, de l'Angleterre et des États-Unis, je viens de présenter ce qui constitue à mon sens trois modèles de formation des juristes[1]. Dans des contextes très différents, chacun d'entre eux prétend répondre à cette épineuse question de la formation à sa manière. Néanmoins, aucun n'est figé dans le marbre. Tous évoluent sans cesse. Ne serait-ce qu'en raison des tensions internes auxquels ils sont soumis. Nous venons d'en voir un bon exemple : le modèle nord-américain donne lieu aujourd'hui à de virulentes critiques de membres du barreau qui tentent d'imposer aux écoles de droit, pour des motifs budgétaires qui leurs sont propres, une formation plus directement tournée vers la maîtrise immédiate de savoirs professionnels.

1. Je voudrais dissiper un éventuel malentendu : je n'entends nullement faire du modèle de français de formation la référence de l'enseignement rationnel du droit dont Max Weber soutenait qu'il était dominé par le modèle allemand. Je ne cherche pas à savoir lequel des deux modèles (français ou allemand) domine l'autre – lequel est « véritablement » un modèle. J'ai simplement voulu analyser le modèle français en tant qu'il constitue l'une des nombreuses expressions d'un certain type d'enseignement rationnel du droit qui forme en soi un modèle incluant de nombreux pays.

De même, ces modèles sont soumis à des influences extérieures, quand ils n'exercent pas eux-mêmes une influence. Ce qui est une nouvelle fois le cas du modèle nord-américain qui influe sur le mode de formation des juristes d'un grand nombre de pays : de l'Australie, dont les principales facultés de droit abandonnent le modèle anglais à son profit, à la Chine, qui a créé l'équivalent des *JD* tout en formant ses élites aux États-Unis[2], en passant par le Japon, qui a récemment introduit des écoles de droit à vocation professionnelle au sein même des traditionnelles facultés de droit[3], ou encore par les pays dits en transition de l'ancienne Europe de l'Est[4].

Tous ces modèles ont néanmoins un point commun : ils se définissent en fonction des rapports (complexes, subtils, évolutifs) qu'ils entretiennent avec les professionnels, autrement dit avec les praticiens du droit. En ce sens, les facultés de droit peuvent être qualifiées de facultés « professionnelles » par opposition aux facultés « intellectuelles »[5]. Les facultés de droit françaises n'ont cessé d'entretenir avec ces professionnels un rapport complexe. Restaurées en 1804 afin d'acclimater au Code civil les

2. V. récemment, M. S. Erie, « Legal Education Reform in China Through US-Inspired Transplants », 59 *J. Legal Educ.* 60 (2009-2010).

3. V. par exemple, H. Aizawa, « Japanese Legal Education in Transition », 24 *Wis. Int'l L. J.* 131 (2006-2007).

4. V. en particulier, R. A. Brand and D. Wes Rist, *The Export of Legal Education – Its Promise and Impact in Transition Countries*, Surrey, 2009.

5. V. par exemple, Ch. Charle, *La République des Universitaires (1870-1940)*, Le Seuil, 1994, p. 243.

gens de robe, elles luttèrent à la fin du XIXe siècle pour ne pas perdre la formation des administrateurs, alors que certains voudraient aujourd'hui qu'elles se préoccupent avant tout des membres des professions juridiques réglementées[6]. L'évolution du modèle de formation aux États-Unis à la fin du XIXe siècle a correspondu aux souhaits des premières *corporate law firms* qui ne voulaient pas seulement recruter des plaideurs. Et les réformes qu'entreprennent aujourd'hui les écoles de droit ont pour objet de renouer un lien distendu avec le barreau. Quant au modèle anglais qui a longtemps reposé sur une nette séparation des praticiens et des universitaires, il s'est réformé durant les années 1970 à l'aune d'une question centrale : était-il nécessaire que ces praticiens aillent passer une ou plusieurs années au sein d'une faculté de droit pour se former ?

Toute réflexion sur l'édification d'un nouveau modèle de formation doit donc inclure une analyse tout à la fois des pratiques et des attentes des professionnels. Celle menée au moment de la création de l'École de Droit de Sciences Po n'allait pas échapper à la règle. Elle devait commencer, durant les dix-huit mois précédant sa création, par une enquête qui comprendrait de multiples entretiens avec un grand nombre d'interlocuteurs. C'est de cette enquête dont je voudrais rendre compte en

6. V. en ce sens, H. Croze, « Pourquoi les facultés de droit devront sortir de l'université », *JCP G* 2011, Libres propos, 880, qui propose à cet effet que les facultés de droit soient placées sous la tutelle conjointe du ministère des Universités et de la Chancellerie.

insistant plus spécialement sur la diversité des attentes formulées par les praticiens.

Néanmoins, une telle enquête n'épuise pas le sujet. Aussi importantes soient-elles, ces attentes multiples doivent être relativisées. L'édification d'un modèle de formation ne se réduit pas aux réponses que l'on apporte aux souhaits du marché. Le lien qui s'établit entre formateurs et praticiens constitue un jeu nettement plus subtil : la formation d'un juriste ne constitue pas seulement une économie de la demande (celle des praticiens) ; elle s'analyse aussi en une économie de l'offre (celle des formateurs). En effet, les attentes formulées par les premiers ne se confondent pas avec le produit brut de leurs expériences pratiques, multiples et diverses, qu'ils entendraient voir traduites en termes de formation. Ces expériences sont en effet médiatisées par le regard que ces praticiens portent sur le droit, par l'univers mental qui est le leur, par les cadres conceptuels qui constituent le soubassement de leurs actions quotidiennes. En ce sens, ces expériences dépendent au moins partiellement de la manière dont ils ont été formés. Pour le dire autrement : la demande (des praticiens) dépend largement de l'offre (la formation reçue par ceux qui expriment cette demande).

Une réflexion sur la formation des juristes doit donc reposer sur une double analyse : non seulement des attentes des praticiens qui sont en l'occurrence diverses, mais aussi du lien subtil qui s'établit entre ces attentes et l'offre de formation.

A. Attentes des praticiens : une grande diversité

Commençons par ce qui constitue à mon sens un peu plus qu'une anecdote. Lors des nombreux échanges que j'ai pu avoir avec les responsables du recrutement au sein des principaux cabinets d'avocats de la place de Paris préalablement à la création de l'École de Droit, ceux-ci m'ont tenu à peu près le même discours en distinguant trois catégories de collaborateurs. *Primo*, ceux qui ont été formés au sein des écoles de commerce : selon eux, les mieux à même d'analyser un dossier concret, en raison d'une formation juridique privilégiant l'étude des cas, mais souvent impuissants dès l'instant qu'ils sont confrontés à une question inédite et imprévisible en raison des lacunes propres à ce type de formation de facture parfois trop directement pratique. *Secundo*, les collaborateurs issus des facultés de droit : les plus affûtés sur un plan technique, mais incapables de comprendre les enjeux d'un dossier ni de percevoir les attentes des clients en raison de la nature essentiellement doctrinale des enseignements qu'ils ont reçus. *Tertio*, les anciens élèves de Sciences Po : peut-être les plus susceptibles de comprendre les enjeux stratégiques d'un dossier en raison de leur culture pluridisciplinaire et de leur ouverture d'esprit, mais aussi le plus souvent incapables de se plonger vraiment dans ces dossiers en raison de leurs lacunes proprement techniques. Une perception qui incitait ces responsables à privilégier les doubles formations : facultés de droit/écoles de commerce ou facultés de droit/Sciences Po en espérant qu'elles permettraient de combler les carences de telle ou telle formation. Mais tous ou presque de rêver à des collaborateurs qui auraient réuni en un seul et même cursus les qualités respectives de ces trois types de formation : un réel sens pratique, une bonne maîtrise de la technique et une perception stratégique des dossiers.

Cette catégorisation des collaborateurs me parut intéressante, mais réductrice. Non parce qu'elle émanait de responsables de cabinets parisiens et plus encore de cabinets traitant essentiellement de questions relevant du droit des affaires, car nul doute que ces qualités en définitive assez générales soient tout autant recherchées des avocats exerçant dans d'autres domaines du droit et/ou hors de la capitale, mais bien parce qu'elles émanaient des membres de cabinets d'avocats. Or ces derniers sont loin de représenter la totalité des juristes. Et les différentes catégories de ceux qui composent l'univers de la pratique du droit peuvent avoir des attentes très diverses, voire parfois opposées.

Comparons par exemple les avocats aux juristes d'entreprise et prenons acte de la diversité de ces derniers : un juriste d'entreprise qui exerce seul ou à peu près dans une entreprise de taille moyenne (les petites entreprises n'ayant le plus souvent aucun juriste en leur sein) ne ressemble guère au juriste intégré dans un service juridique d'une très grande entreprise (parfois plusieurs centaines de membres). Alors que le premier est un généraliste, le second a plutôt vocation à se consacrer à des domaines plus spécifiques. Néanmoins ni l'un ni l'autre n'auront la plupart du temps le même niveau de spécialisation qu'un avocat. Et pour une raison économique assez simple. La plupart des entreprises n'ont aucun intérêt à embaucher des spécialistes de questions qui se posent de manière aléatoire ou très irrégulière. Le coût en serait trop élevé. Quand ce genre de questions survient, mieux vaut avoir recours à ce spécialiste que peut être l'avocat. Autrement dit, mieux vaut externaliser cette activité que de la traiter au sein même de l'entreprise. Il s'ensuit que les avocats ont vocation à devenir en quelque sorte des sous-traitants spécialisés dans la résolution de questions complexes et/ou non répétitives pour l'entreprise[7]. Ce qui n'empêche pas ces sous-traitants de constituer parfois des « maisons de haute couture »[8]

7. Ce phénomène n'est pas propre à la France et il correspond à l'importance prise depuis quelques décennies par les juristes au sein des entreprises. V. en ce sens, W. D. Henderson, « Three Generations of U. S. Lawyers : Generalists, Specialists, Project Managers », 70 *Md. L. Rev.* 373, 379 (2010-2011) : « *With the rise of the general counsel position in the 1970s, in-house lawyers assumed the position of trusted advisors to the company's owners or senior executives while outside law firms were called upon for their specialized skills and technical expertise* ».

8. J'emprunte cette expression à Christian Bessy (« Les enjeux de la qualité : innovations juridiques et diversité des exercices professionnels », *in* O. Favereau [dir.], *Les avocats entre ordre professionnel et ordre marchand*, Lextenso, 2010, pp. 83-110) qui a proposé une typologie des avocats distinguant quatre catégories : les avocats bâtisseurs (qui construisent et défendent des causes), les avocats traditionnels (qui interviennent dans un contentieux assez simple et/ou des prestations de conseil standardisés), les grands cabinets qui offrent du conseil standard (qui organisent leur activité suivant une logique d'entreprise et cherchent à répondre aux besoins de leurs clients en standardisant leurs méthodes) et les cabinets « haute couture » (qui cherchent à être au plus près des besoins de leur clientèle et promeuvent des solutions innovantes).

ou des « mégafirmes de luxe »[9]. Ce qui ne signifie pas non plus que n'existent pas des avocats capables d'aborder les questions juridiques à la manière d'un généraliste. Mais ces avocats sont peut-être plus nombreux en province où les services internes des entreprises sont moins susceptibles de traiter un grand nombre de dossiers et font donc appel à leurs avocats plus en amont, du moins quand ces derniers ne sont pas concurrencés par les experts-comptables qui sont à certains égards les généralistes du droit de l'entreprise. Il n'en demeure pas moins que les avocats ont certainement vocation à être plus spécialisés que les juristes d'entreprise. Or cette situation amène parfois directeurs juridiques des grands groupes et responsables de cabinets d'avocats d'affaires à adopter des attitudes différentes quant à la formation qu'ils attendent de leurs collaborateurs.

Les premiers auront tendance à insister moins sur leurs compétences techniques que sur leurs facultés d'adaptation et leur capacité à travailler en équipe au sein de l'entreprise. Que ce soit avec ses autres départements (financiers, techniques, commerciaux, etc.) ou les autres juristes de l'entreprise. À ce titre,

---

9. J'emprunte cette expression à Lucien Karpik (*L'économie des singularités*, Gallimard, 2007, p. 193), alors même que, excellent sociologue de la profession d'avocat auquel il a consacré de nombreux écrits, il ne l'utilise pas pour caractériser des cabinets d'avocats, mais simplement parce que je souhaite relever que le conseil personnalisé sur des produits juridiques très sophistiqués et novateurs ne dépend pas de la taille des cabinets : certains cabinets d'avocats à vocation mondiale (autrement dit d'une taille considérable) peuvent revendiquer ces caractéristiques aussi bien que des « maisons de couture » qu'on imagine *a priori* comme étant de petite taille.

il peut être demandé à tel juriste français d'être en mesure de discuter de telle ou telle question avec un juriste indien le matin et un *lawyer* américain le soir. Et cela d'autant plus que la pratique des affaires a tendance à s'internationaliser. Ce qui ajoute à la logique du « général » (la capacité d'aborder un dossier sous un angle général, multidisciplinaire) celle du « global » (l'aborder selon une logique qui n'est pas seulement nationale).

Dans cet esprit, une excellente connaissance de la théorie des organisations et des relations internationales, ainsi que d'autres traditions juridiques, peut être plus utile à ce juriste que la maîtrise précise du Code de l'urbanisme. Si une question très pointue se pose en ce domaine, il y aura toujours un avocat pour la résoudre. Et le directeur juridique (allemand) d'une très grande entreprise française de me confier un jour de manière directe : dans l'important service juridique que je dirige, je n'ai à peu près aucun avantage à recruter un juriste qui n'aurait été formé qu'en France, voire à recruter un juriste français ; car ce qu'il me faut, c'est un collaborateur qui s'adapte à la culture spécifique de l'entreprise, soit en mesure de travailler avec des équipes pluridisciplinaires et plurinationales, puisse dialoguer (le cas échéant dans leur langue) avec des juristes de cultures différentes, ait une bonne capacité de synthèse et de réelles capacités rédactionnelles, le tout en ayant vocation à devenir un chef de projet ou un *project manager* plus certainement qu'un technicien fin connaisseur d'un seul droit national – toutes qualités dont il ajoutait qu'elles étaient rarement privilégiées dans les facultés de droit françaises. Il s'agit certes d'un exemple extrême, mais les compétences exigées se retrouvent à des degrés divers dans de très nombreuses entreprises.

De leur côté, les responsables de cabinets d'avocats ou ceux qui sont en charge des ressources humaines en leur sein mettent en avant d'autres qualités. Principalement celles de très bons techniciens propres à devenir d'excellents spécialistes – fût-ce, pour les cabinets à vocation mondiale, dans un univers globalisé (ce qui exigera de ces spécialistes d'être aussi capables de dialoguer avec des juristes d'autres traditions, voire d'intégrer une manière de raisonner qui ne soit pas seulement nationale). Ces responsables sont donc nombreux à souhaiter des collaborateurs qui soient en mesure d'être d'excellents connaisseurs des matières réputées les plus techniques, l'acquisition des autres qualités étant le plus souvent laissées au hasard de l'évolution des carrières professionnelles – qu'il s'agisse des capacités managériales, de bon négociateur ou de *leadership*. Ce qui peut se comprendre quand on sait que de nombreux jeunes avocats recrutés dans les plus grands cabinets sont d'abord confinées à des tâches subalternes qui alternent entre *due diligence* et recherches en bibliothèque, et que la sélection en vue d'une éventuelle association s'y opère au fil des années selon le schéma classique du « *up-or-out* »[10].

10. On sait néanmoins que ce schéma n'est plus seul et qu'il pourrait même connaître des bouleversements considérables dans un proche avenir. V. récemment sur ce thème, l'article très stimulant de Larry E. Ribstein : « The Death of Big Law », 2010, *Wis. L. Rev.* 749 (2010).

Lors de mon enquête préalable à la création de l'École de Droit, il n'y eut qu'un seul responsable d'un grand cabinet français pour me déclarer – j'allais dire : de manière très anglaise[11] – qu'il était à peu près indifférent au degré de connaissance technique du droit de ses collaborateurs. De réelles capacités de raisonnement, de bonnes qualités rédactionnelles, la maîtrise d'une ou plusieurs langues étrangères, la possibilité de travailler en équipe et une grande ouverture d'esprit l'emportaient pour lui sur une connaissance précise, hautement spécialisée, d'un droit positif évoluant sans cesse. C'est au sein même du cabinet et au contact des associés et des clients qu'à son sens s'apprenait le droit dont la connaissance initiale pouvait se résumer (ce qui n'est déjà pas mince) aux seuls savoirs juridiques dits « fondamentaux » – autrement dit, les concepts de base ou encore les catégories propres à structurer le raisonnement d'un juriste dans telle ou telle tradition.

Ce que je viens de dire à propos de la distinction entre juristes d'entreprise et avocats – et encore : entre certaines catégories d'avocats et certaines

---

11. J'aurais pu ajouter américaine, tant les plus prestigieux cabinets américains ont l'habitude de recruter leurs étudiants parmi les meilleurs écoles de droit américaines avant de les former eux-mêmes durant les quatre ou cinq premières années de leur exercice professionnel, ce qui signifie qu'ils attendent essentiellement de ces écoles qu'elles leur présélectionnent les esprits les plus déliés. Néanmoins, le conflit actuel entre le barreau (qui n'est certes pas représentatif de tous les cabinets) et les écoles de droit sur l'incapacité réelle ou prétendue de celles-ci de former de « bons professionnels » m'a fait renoncer à cet ajout.

catégories de juristes d'entreprise, et sans y apporter toutes les nuances qu'une analyse plus fine permettrait de mieux discerner – pourrait se répéter à peu près à l'infini. Car il existe en France de multiples catégories de juristes et de multiples manières d'exercer le droit.

Prenons l'exemple des notaires. Afin de rentabiliser l'exercice de leur profession dont le chiffre d'affaires repose à plus de 94 % sur l'exercice d'un monopole dont la contrepartie réside dans l'imposition d'un tarif, ceux-ci ont choisi de privilégier un modèle fordiste qui consiste à multiplier la confection d'actes établis à la chaîne plutôt que de privilégier un travail sur mesure. Ce qui se justifie aisément : quand les prix sont déterminés à un niveau relativement bas, il faut se rattraper sur la quantité. C'est ce qu'on pourrait appeler la logique du supermarché : favoriser les prix bas pour espérer que la marge s'effectue sur une plus grande quantité de produits vendus. C'est ainsi que les études de notaires sont emplies de bataillons de clercs voués à la confection d'une multitude d'actes juridiques répétitifs. L'essentiel en la matière est d'avoir à sa disposition un personnel suffisamment rigoureux qui dispose d'une compétence appropriée au maniement de logiciels de plus en plus performants. La plupart des ventes immobilières n'en exigent pas plus. Et quand survient une question difficile et inhabituelle, si elle n'est pas traitée par un notaire expérimenté, elle peut être en partie sous-traitée à l'un des différents CRIDON – les centres régionaux d'information et de documentation du notariat.

Une telle structuration économique de la profession, qui ne favorise pas spécialement l'imagination créatrice (en raison d'un recours massif à des formulaires qui n'ont rien de produits sur mesure), se répercute nécessairement sur la formation des clercs dont beaucoup peuvent ne recevoir qu'une formation de technicien supérieur. Mais elle connaît des ratés dès l'instant qu'un personnel très bien formé – ce qui est le cas des diplômés notaires – est voué à des tâches subalternes en raison de son incapacité à accéder à un office : il se rebiffe[12]. En outre, cette même structuration se répercute sur la manière de percevoir le droit et donc une nouvelle fois sur son enseignement. Dans la mesure où les notaires vivent pour l'essentiel de droits exclusifs qui leur sont attribués par l'État, au motif qu'ils sont des officiers publics, ils ne peuvent qu'avoir une vision nationale du droit. S'ils imaginent exporter le modèle du notariat (en Chine), ils ne peuvent exporter les activités qui en sont le support (les notaires exerçant en Chine doivent être chinois, car on imagine assez peu l'État attribuer des droits exclusifs à d'autres que ses nationaux). La structure même du notariat implique ainsi un cloisonnement des droits nationaux (même si le droit communautaire le met aujourd'hui à mal). Et l'enseignement qui en découle doit être avant tout national, car c'est le droit national qui doit être maîtrisé. Ce qui nous éloigne des attentes formulées par certains juristes de grandes entreprises ou celles des avocats plongés dans un monde

12. V. en particulier, Collectif Non/Taire, *Manifeste contre les notaires*, Max Milo, 2011.

globalisé qui met les droits en concurrence et/ou repose sur un mélange de multiples droits[13].

Nous pourrions multiplier les exemples : décliner les très nombreux métiers qu'exercent aujourd'hui les avocats sous couvert d'une profession unique (ces métiers incluant désormais aussi bien les activités d'agent sportif que celles de mandataire en transactions immobilières ou de médiateur), approfondir notre analyse de la nébuleuse des juristes d'entreprise qui va des employés de banque ou de compagnies d'assurances aux *general counsels* dont certains bâtissent des ordres juridiques à l'échelle globale dans un univers où les États ne jouent

13. Ce trait explique que les universitaires proches du notariat relaient cette vision purement nationale du droit et soient les plus réservés à l'égard du mouvement de mondialisation qu'ils perçoivent comme une atteinte à l'intégrité de la tradition juridique nationale, fût-elle rebaptisée, pour des raisons stratégiques, de tradition « continentale » (v. par exemple, M. Grimaldi, « Le droit continental face à la mondialisation », *Études à la mémoire du professeur Bruno Oppetit*, Litec, 2009, p. 293 *sq.*). Une identique proximité du notariat et de l'association Henri Capitant explique que celle-ci ait vu à peu près exclusivement dans les rapports *Doing Business* une atteinte portée aux droits de tradition civiliste (v. en particulier, Association Henri Capitant, *Les droits de tradition civiliste en question*, vol. 1, Société de législation comparée, 2006. – Comp. J.-F. Gaudreault-DesBiens, « La critique économiste de la tradition romano-germanique », *RTD civ.* 2010, spéc. pp. 700-704, où l'auteur relève que cette réaction témoigne de l'emprise de « *la structure mythique de la vérité nationaliste* » du droit dont parle Pierre Legendre, en même temps qu'elle sert plus concrètement à préserver certaines positions acquises ou à promouvoir des intérêts économiques et intellectuels personnels). Ce qui signifie de manière plus générale que la proximité intellectuelle du notariat ne permet guère de penser l'actuel mouvement de globalisation du droit autrement que sur un mode nationaliste et purement défensif.

qu'un rôle marginal, distinguer la masse des notaires de quelques uns de leurs confrères qui ressemblent fort aux meilleurs avocats d'affaires, parler des personnes qui exercent des fonctions juridictionnelles (magistrats de l'ordre judiciaire ou membres du Conseil d'État et des juridictions administratives) ou encore analyser un par un les juristes dont font état les articles 54 et suivants de la loi n° 71-1130 du 31 décembre 1971 portant réforme de certaines professions judiciaires et juridiques. Je me bornerai à en énumérer quelques uns. Il y a d'abord ceux qui disposent de façon concurrente, dans le cadre des activités définies par leurs statuts respectifs, du droit de donner des consultations juridiques et de rédiger des actes sous seing privés pour autrui : avocats au Conseil d'État et à la Cour de cassation, avocats inscrits à un barreau, notaires, huissiers de justice, commissaires-priseurs, administrateurs judiciaires et mandataires-liquidateurs (art. 56). Mais il y a aussi tous ceux qui ont le droit de consulter ou rédiger des actes juridiques pour autrui à titre accessoire (cette notion étant elle-même imprécise) : les personnes exerçant une activité professionnelle réglementée (art. 59), au premier rang desquels figurent les experts-comptables, mais surtout celles qui exercent une activité professionnelle non réglementée pour laquelle elles justifient d'une qualification reconnue par l'État ou attestée par un organisme public ou un organisme professionnel agréé (art. 60). Une catégorie très large qui autorise un inventaire à la Prévert : experts immobiliers, généalogistes, ingénieurs-conseils divers, conseils en gestion du patrimoine, experts en assurance... Et l'on pourrait continuer à allonger la liste : des juristes appartenant à des organismes chargés d'une mission de service public (art. 61) à ceux qui exercent au sein des syndicats ou associations professionnels (art. 64).

Il ne fait aucun doute que cette très grande diversité exige des compétences multiples et parfois contrastées. Ce qui interdit tout portrait-type du juriste qu'il s'agit de former et permet difficilement de parler de manière générale des attentes des praticiens à l'égard d'un modèle de formation. Et cela d'autant moins que ces attentes évoluent en fonction de l'évolution même de la pratique juridique : si l'on sait à peu près quelles sont les qualités d'un juriste à l'heure actuelle, il est certains domaines où l'on ne sait pas quelles seront les qualités requises dans cinq ou dix ans. Ce qui semble particulièrement vrai des juristes qui évoluent dans des domaines d'activités soumis au mouvement actuel de mondialisation du droit. À titre d'exemple, nul ne sait vraiment quelles seront les qualités exigées des juristes d'entreprise dans une décennie à peine, ce qui constitue aujourd'hui un véritable casse-tête pour certains directeurs juridiques de grands groupes. Et ils ne sont les seuls à s'interroger : il y a quelques années, un juriste anglais n'a-t-il pas annoncé, dans un essai remarqué et débattu, la « mort des juristes » en raison du développement exponentiel des nouvelles technologies[14], alors qu'aujourd'hui d'autres que lui parient sur la disparition des

14. R. Susskind : *The End of Lawyers ? Rethinking the Nature of Legal Services*, Oxford UP, 2008. – V. pour une présentation

mégafirmes juridiques à l'échelle mondiale, ce qui ne manquerait pas, si le pronostic s'avérait exact, de produire des effets sur la pratique du droit[15] ?

Quand il s'agit de réfléchir à la formation des juristes, il ne faut donc pas trop compter sur les attentes des praticiens tant leur variété et leur caractère évolutif les rendent incertaines – ce qui ne signifie nullement qu'il faille les ignorer. Et il faut d'autant moins y compter qu'un projet de formation ne se résume pas à la réponse qu'apporte ce projet aux demandes que formulent les acteurs ; elle constitue plus subtilement une interaction entre de telles demandes et une offre de formation.

B. Attentes des praticiens et offre de formation : un lien subtil

Pour faire comprendre le sens de mon propos sur cette interaction entre offre et demande, je voudrais revenir sur ce dont j'ai traité longuement dans le premier chapitre : l'invention en France du modèle doctrinal contemporain à la charnière des XIXe et XXe siècles[16]. Cette invention avait pour objet de répondre à ce qui était perçu comme une crise de l'interprétation dans la société de l'époque. Quand Saleilles et Geny entendirent rénover les canons de l'interprétation pour substituer à ce qu'ils

---

critique de sa thèse, M. M. Harner, « The Value of "Thinking Like a Lawyer" », 70 *Md L. Rev.* 390 (2010-2011).

15. L. E. Ribstein : « The Death of Big Law », art. précité.

16. V. *supra*, p. 42 *sq.*

appelaient (à tort ou à raison) la méthode classique au profit de la libre recherche scientifique ou de la méthode historico-comparative, quand ils prétendaient passer d'un modèle philologique à d'autres modèles, ils ne répondaient pas directement à une attente qu'auraient formulées des praticiens. Leur projet de rénovation des méthodes d'interprétation des juristes était avant tout de nature intellectuelle et non professionnelle. Et pourtant, le Premier président de la Cour de cassation, dès les fêtes du centenaire du Code civil, allait donner injonction aux juges de modifier leur façon d'interpréter les textes du Code civil en s'inspirant de manière très explicite des nouvelles théories de l'interprétation qu'ils venaient de promouvoir et des débats qu'elles avaient suscité en doctrine[17]. À cet instant s'était produit un phénomène particulier : les cadres conceptuels nouveaux qu'avaient imaginés des professeurs de droit (Geny et Saleilles n'étaient pas seuls en cause) avaient rencontré un écho favorable chez le plus haut magistrat de l'ordre judiciaire, autrement dit chez un praticien. Non parce que ces professeurs avaient une quelconque autorité sur ce praticien, une autorité qui aurait été affirmée d'une quelconque manière, une autorité que ces professeurs auraient autoproclamée, mais bien parce que les théories de l'interprétation qu'ils avaient imaginées mettaient à sa disposition, à ce moment de l'histoire, des outils propres à répondre à ses attentes. S'était produit, au sein des facultés de

17. « Discours de M. Ballot-Beaupré », *Le centenaire du code civil – 1804-1904*, Société d'études législatives, 1904, p. 23 *sq*.

droit, un « moment intellectuel » propre à convaincre les praticiens au point de transformer, de façon profonde et durable, les conditions de la pratique du droit. En l'occurrence, des universitaires avaient mis sur le marché des idées nouvelles sans répondre directement à une attente de la pratique, mais dont cette pratique allait se saisir pour modifier ses propres cadres d'analyse conceptuels du droit. Désormais, la plupart des juristes accepteraient un modèle doctrinal fondé sur une vision technologique de la théorie et de la pratique du droit.

Prenons un second exemple tiré cette fois d'une expérience étrangère dont j'ai aussi parlé, en l'occurrence le mouvement d'analyse économique du droit[18]. Celui-ci n'a pas plus eu pour vocation première de répondre aux attentes des milieux professionnels américains. Il est le produit d'un courant intellectuel originaire de Chicago qui faisait suite à des travaux, de facture très universitaire, de Coase, Calabresi ou Posner. Et pour autant le mouvement *Law & Economics,* qui connaît désormais de nombreuses variantes, s'est imposé dans l'enseignement du droit aux États-Unis, au point que les outils d'analyse qu'il a créés sont utilisés dans la plupart des cours, fût-ce à des degrés très divers. Et ce « *codage économique des questions juridiques* »[19] a fini par façonner la représentation du droit que s'en fait la majorité des praticiens, au point d'exercer une réelle influence sur la manière qu'ont les juges

18. V. *supra*, p. 114 *sq*.
19. R. Lanneau, *Les fondements épistémologiques du mouvement Law & Economics*, LGDJ, 2010, p. 6.

de la Cour suprême d'aborder certaines questions. En ce sens, ce mouvement a non seulement contribué à former les esprits, mais il a, dans le même temps et pour cette raison même, modifié les pratiques professionnelles.

Autrement dit, les praticiens formulent très légitimement des souhaits qu'ils tirent de leurs expériences multiples, mais ils raisonnent le plus fréquemment avec le matériau qui leur a été donné. En ce sens, ces praticiens sont le produit de certaines représentations mentales dont ils ne sont pas les seuls maîtres, car celles-ci sont souvent le fruit de théories imaginées par des universitaires qui n'avaient aucun égard pour la pratique quand ils les ont formulées[20].

Il ne faut donc pas l'oublier quand on parle de professionnalisation des études de droit : la formation des juristes ne relève pas seulement d'une économie de la demande (celle des praticiens) mais aussi d'une économie de l'offre (celle des formateurs) ou, plus exactement, de l'interaction entre l'offre et la demande. Et le succès des offres de formation dépend de la façon dont elles sont reçues par les professionnels, même s'ils n'en sont pas les destinataires premiers et même si ce succès se fait parfois au prix de malentendus, de détournements, voire de contresens.

---

20. Sur les raisons pour lesquelles des théories juridiques sont formulées et les raisons pour lesquelles certaines emportent la conviction et d'autres non, v. par exemple, Ch. Atias, *Théorie contre arbitraire*, PUF, 1987.

À ce titre, souvenons-nous du souhait exprimé dès les années 1930 par Jerome Frank de développer des *clinics* au sein même des écoles de droit[21]. À la base, son idée n'était pas d'améliorer les compétences professionnelles des étudiants, mais de leur inculquer une vision moins livresque du droit par opposition à celle qu'il attribuait à la pensée juridique classique (celle de Langdell). Or les *clinics* ont fini par connaître le succès au moins en partie parce que les professionnels y ont plutôt vu un moyen de contrebalancer ce que certains ont pu récemment qualifier de dérive théorique de la formation des étudiants au sein des écoles de droit. En d'autres termes, parce que ces professionnels ont vu dans les *clinics* un moyen d'améliorer les compétences professionnelles de leurs futurs collaborateurs.

Cependant, nous l'avons vu aussi, le fragile compromis entre ces professionnels et les écoles de droit que les *clinics* ont permis de réaliser aux États-Unis entre un enseignement théorique et un apprentissage d'un savoir professionnel pourrait ne plus tenir très longtemps en raison de l'actuelle crise financière. Celle-ci pousse en effet les clients des avocats à réduire le montant global de leurs honoraires. Ce qui les amène à refuser de verser des honoraires importants en rémunération du travail effectué par les plus jeunes collaborateurs des grands cabinets et prive indirectement ces derniers des moyens de financer leur formation pratique durant leurs premières années d'exercice. Pour des raisons

---

21. V. *supra*, p. 111 *sq*.

purement financières qui tiennent à la nature des relations qu'ils entretiennent avec leurs clients, et non point vraiment pour des motifs intellectuels, les cabinets se retournent alors vers les écoles de droit pour exiger qu'elles prennent en charge cette formation, autrement dit qu'elles renforcent la part de la formation à vocation pratique dans leurs programmes[22]. Ce jeu de dominos pourrait produire à l'avenir des effets sur le choix des priorités pédagogiques et scientifiques de ces écoles. De manière plus générale, ce même jeu montre aussi que les relations entre les innovations intellectuelles des universitaires et la manière dont les praticiens les reçoivent oscillent entre le rapport de force et le lien de confiance. C'est parce qu'une fraction au moins des professionnels américains, pour des motifs budgétaires, ne fait plus aujourd'hui confiance dans le type de travaux majoritairement produits par les universitaires des principales écoles de droit qu'ils commencent à faire pression sur eux pour les contraindre à changer leurs priorités intellectuelles.

Ne multiplions pas les exemples sur les liens complexes, subtils, parfois pervers, unissant attentes professionnelles, innovations intellectuelles et programmes de formation. Il est peu contestable que les universitaires doivent écouter les praticiens, et cela à double titre. Quand ces derniers leur expliquent que les objectifs pédagogiques que ces universitaires ont eux-mêmes déterminés ne sont pas

22. V. la description de ce phénomène par David Segal dans un article du *New York Times* du 19 novembre 2011 : « What They Don't Teach Law Students : Lawyering ».

atteints – ce qui est le cas, par exemple, quand certains praticiens se plaignent du fait que leurs étudiants ne savent plus analyser correctement les arrêts de la Cour de cassation, alors même que les commentaires d'arrêts emplissent les séances de travaux dirigés. Mais aussi quand ces mêmes praticiens leur expliquent que de nouveaux programmes de formation doivent être imaginés en raison d'une évolution de la pratique – qui peut aller jusqu'à faire dire à certains de ces praticiens que le droit ne tient plus qu'une place marginale dans leur exercice professionnel[23] – ou parce qu'il existe une trop grande dichotomie entre cette même pratique et ce qui est enseigné dans les établissements de formation – ceux-ci se voyant par exemple reprocher de privilégier un savoir théorique sur la transmission d'une sagesse pratique[24]. Pour autant, l'actuelle volonté de professionnalisation à tout prix de la formation des juristes, au point d'aller soutenir que mêmes les thèses de doctorat doivent être « professionnalisantes » (selon ce qu'a récemment exprimé le Conseil national du droit), apparaît plus discutable. Précisément parce qu'elle tend à réduire la formation des juristes à une seule et unique économie de la demande.

Cette formation ne peut d'ailleurs y être réduite, car le droit n'a pas seulement une fin pratique ou

23. V. le constat initial de Richard Susskind dans *The End of Lawyers*, précité, pp. 4-5 : « *Increasingly, I have found that many lawyers seem to have one thing in common – they seem to want to deny that they are lawyers. They downplay the legal content of their jobs* ».
24. V. sur ce thème, dans le contexte américain, A. T. Kronman, *The Lost Lawyer – Failing Ideals of the Legal Profession*, précité.

professionnelle ; il constitue aussi un objet de connaissance qui doit être étudié pour lui-même, selon une finalité plus directement spéculative (souvenons-nous des débats sur l'objet du droit comparé au début du XXe siècle)[25]. Ce qui est souvent oublié quand sont abordées en France les questions de formation juridique – par les universitaires à la fois juristes (parce qu'ils refusent d'être qualifiés d'intellectuels) et les non-juristes (plutôt par méconnaissance) : au même titre que les facultés de médecine, les facultés de droit sont le plus souvent assimilées, et de longue date, à des écoles « professionnelles » par opposition aux facultés « intellectuelles » dont relèveraient les autres sciences humaines[26]. Comme si la formation au sein des facultés de droit avait par essence une vocation exclusivement pratique et « professionnalisante ». Or renvoyer sans cesse à une confrontation entre les attentes de la pratique et l'offre des facultés de droit, plaider le cas échéant en faveur d'un double rattachement de ces facultés aux ministères de l'enseignement supérieur et de la justice, revient à les enfermer dans cette seule logique, une logique qui les cantonne à n'avoir aucune dimension proprement intellectuelle, au rebours du mouvement qui affecte depuis plusieurs années de nombreuses facultés de droit étrangères dont l'un des objectifs est de ne plus isoler les départements juridiques des autres départements universitaires. Le développement de certains courants intellectuels – dont l'analyse économique

25. V. *supra*, pp. 49-50.
26. V. en ce sens, C. Musselin, *La longue marche des universités françaises*, PUF, 2001, p. 26.

du droit, mais aussi les différents mouvements critiques ou postmodernistes[27] – n'a pu se faire qu'au prix d'un détachement des préoccupations universitaires des exigences immédiates de la pratique[28]. Autrement dit, penser un programme de formation des juristes ne peut se réduire à un seul face à face de la théorie et de la pratique, sauf à se priver de certaines innovations intellectuelles majeures, dont certaines produiront des effets sur cette pratique.

---

27. Sur lesquels, G. Minda, *Postmodern Legal Movements*, New-York UP, 1995.

28. À dire vrai, ce détachement n'est pas nouveau ; il semble même consubstantiel à tout effort de rénovation de la pensée juridique dominante, quelle que soit l'époque. À ce titre, il semble que l'émergence d'une « école scientifique » en France durant les premières années du XXe siècle se fit au prix d'un certain détachement de l'enseignement du droit des attentes professionnelles immédiates, ce dont certains purent se plaindre (v. en ce sens, G. Ripert, « L'avenir des facultés de droit », précité, pp. 25-26).

Chapitre 4

Un projet intellectuel

Les développements qui précèdent fournissent un matériau certes composite, mais riche de nombreux enseignements. L'attention portée aux attentes de la pratique nous aura au moins appris une chose : c'est qu'un projet de formation ne se mesure pas à son unique adéquation au marché, et pour cette raison simple que le marché est tributaire de la fécondité intellectuelle et de l'imagination créatrice des personnes qui sont en charge de former les futurs praticiens. Le succès d'un programme de formation juridique procède de la rencontre, qui se fait parfois au prix de quelques incompréhensions, entre le produit d'une recherche de facture intellectuelle et les attentes plus ou moins diffusément exprimées par les milieux professionnels. Dans une certaine mesure, l'offre crée la demande plus qu'elle n'en procède. En ce sens, les facultés et autres écoles de droit sont tout autant des facultés « intellectuelles » que des facultés « professionnelles », au rebours de ce qu'affirment trop d'historiens ou de sociologues des universités.

Notre analyse historique du modèle français nous a aussi fait comprendre que les universitaires qui ont gagné la partie à la fin du XIXe siècle et durant les premières décennies du XXe siècle ont fait prévaloir une conception technologique du droit. Ce qui fait reposer l'essentiel de la formation des juristes sur ce que j'ai appelé un « modèle doctrinal »[1].

À sa base, il n'y a pas seulement la valorisation de la technique juridique, c'est-à-dire de toute cette complexe machinerie, commune aux professeurs et aux praticiens, qui leur permet de travailler ensemble et de se comprendre : les multiples distinctions dont les uns et les autres irriguent le droit, les innombrables notions qu'ils ont inventé, leurs multiples habitudes de raisonnement (par déduction, induction, analogie, etc.), en un mot, tous les « trucs »[2] dont ils se servent de manière quotidienne ; il y a aussi cette idée que le droit est porteur d'une vérité qu'il est possible de faire émerger par le biais de plus ou moins vastes constructions juridiques, aujourd'hui dénommées « théories générales », caractérisées par une « montée en généralité » par rapport à la seule technique (ce qu'on pourrait appeler la dogmatique pour la distinguer de la seule technique qui n'en serait que la base).

Il s'agit là d'une activité intellectuelle dont ces mêmes professeurs ont entendu se réserver le quasi-monopole à compter des premières années

---

1. V. *supra*, p. 61.
2. J'emprunte ce mot à Geny dans le chapitre qu'il consacre à la notion de technique juridique : *Science et technique en droit privé positif*, t. III, *L'élaboration technique du droit positif*, Sirey, 1921, n° 181, p. 18.

du XXe siècle[3]. Et une activité qui connaît son prolongement en matière d'enseignement. Ce qu'on attend de l'enseignant, écrivait de manière symptomatique un professeur de droit civil en 1998, c'est « *qu'il organise et structure l'ensemble du système juridique, bref, qu'il expose une théorie générale* »[4]. Avoir la vision la plus complète du droit, et d'un droit réputé autonome et cohérent en dépit d'un désordre apparent qu'il faut sans cesse combattre – que ce désordre émane du juge, de l'administrateur ou du législateur : telle demeure la représentation intellectuelle que la grande masse des universitaires français a de son travail de chercheur et d'enseignant, même si tous ne le pratiquent pas au même degré, la simple exposition ordonnée du droit positif, voire la glorification de la seule technique, expression d'un véritable « *verrouillage technicien* »[5], l'emportant souvent sur l'édification des théories générales.

On se souvient que ce programme avait au moins en partie pour objet de résoudre la crise de l'interprétation des premières années du XXe siècle[6]. D'autres ajouteraient peut-être qu'il constituait l'expression d'une illusion issue de la modernité,

3. Je me permets de renvoyer sur ce thème à Ph. Jestaz et Ch. Jamin, *La doctrine*, Dalloz, 2004, spéc. pp. 139-167.
4. G. Goubeaux, « Le poids de la tradition », *RTD civ.* 1998, p. 298.
5. N. Hakim, « Droit privé et courant critique : le poids de la dogmatique juridique », *in* X. Dupré de Boulois et M. Kaluszynski (dir.), *Le droit en révolution(s)*, LGDJ, 2011, p. 81, qui soutient que ce verrouillage (autrement dit, l'incapacité à se hisser au niveau de la dogmatique) est sans doute favorisé par le rapprochement avec la pratique.
6. V. *supra*, p. 42 *sq*.

celle consistant à croire que la dogmatique pût apporter une réponse adéquate à la question de l'interprétation qui submerge le monde des juristes, mais une illusion qui aurait ce grand avantage de rendre légitime l'expression des juristes dogmaticiens des facultés de droit[7]. Une manière pour eux de prendre la main, d'exercer un magistère intellectuel sur la totalité des juristes, plus largement de toutes les personnes chargées d'édicter la norme, bref d'exercer le pouvoir. Le tout dans un esprit dont on peut fortement douter qu'il fut démocratique à l'origine, tant il se construisit aussi pour lutter contre les possibles excès du désordre, pour ne pas dire du chaos juridique réputé issu du suffrage universel[8].

Cette manière de répondre à la question de l'interprétation s'est faite au prix de choix importants. En privilégiant les constructions proprement juridiques, la grande majorité des juristes français s'est durablement privée du recours aux autres

7. J'emprunte ici aux mots du professeur Rials (« La démolition inachevée. Michel Troper, l'interprétation, le sujet et la survie des cadres intellectuels du positivisme néoclassique », *Droits*, t. 37, 2003, p. 49) que je me dois de citer dans leur intégralité : « *Le monde des juristes, cerné par la question de l'interprétation, submergé si souvent par les surprises qu'elle lui réserve, ne semble pouvoir demeurer serein qu'en la refoulant. On ironise parfois sur la clarté incertaine des actes clairs. Il vaudrait mieux comprendre que la clarté fut l'une des grandes illusions modernes (moderne dans l'acception chronologique de ce terme qui prévaut chez les historiens) et que le maintien suffisant de cette illusion conditionne la possibilité non seulement d'expression légitime des juristes dogmaticiens des Facultés mais encore l'articulation cohérente du discours de ce qu'on appelle l'État de droit...* ».

8. V. par exemple, G. Ripert, *Le régime démocratique et le droit civil moderne*, LGDJ, 2e éd., 1948.

sciences humaines et sociales. Au lieu de douter de l'autonomie du droit et d'aller chercher ailleurs des éléments de réponse à leurs interrogations, ces juristes ont refoulé du champ de leur analyse ces autres sciences qui sont au mieux devenues annexes. Ce qui a très concrètement abouti à un refoulement de la théorie du droit, d'une sociologie juridique rigoureuse, de l'analyse économique du droit et, plus largement, de tous les mouvements connus outre-Atlantique sous le nom de « *Law and...* » qui sont associés à la mise en cause de l'autonomie du droit. Et cela même si certains juristes français ne se reconnaissent pas pleinement dans le modèle doctrinal[9].

La conception du droit issue de ce modèle a aussi produit des effets très concrets en matière de formation. D'une part, elle a focalisé l'attention des

9. La présentation de ce modèle me permet de tenter une classification des universitaires français en trois principales catégories : ceux pratiquant une activité dogmatique où l'emporte l'édification de « théories générales » propres à transcender la seule technique, c'est-à-dire ceux pour lesquels la montée en généralité est la plus exigeante et qui se considèrent comme les dépositaires de l'autorité ultime de la véridiction en droit (la doctrine « grand style », la plus fidèle à l'héritage des premières années du XXe siècle, mais qui comporte désormais peu de représentants) ; ceux qui s'en tiennent à cette technique dont ils prétendent le plus souvent qu'elle est elle-même productrice de vérité sans qu'il soit nécessaire de procéder à l'édification savante de théories générales, ce qui les rapproche fortement des praticiens puisque cette technique leur est commune (désormais la grande majorité des universitaires) ; et enfin les auteurs qui ne se consacrent pas aux deux activités précédentes pour lui préférer d'autres types de travaux sur le droit, de facture nettement plus théorique (au sens de la théorie du droit) ou qui portent sur des objets marginaux (une infime minorité).

universitaires sur la durée des études juridiques. Dès l'instant qu'il s'agit de maîtriser l'ensemble d'un droit érigé en système cohérent, il faut du temps pour l'apprendre, et il en faut d'autant plus que le volume du droit s'accroît. Et cela parce que l'idée de système suppose que le tout ne puisse être compris sans la maîtrise de chacune de ses parties, ce qui implique que la connaissance de l'ensemble des branches du droit soit nécessaire à la compréhension du droit en général. C'est ainsi qu'il a fallu en 1954 une année de plus, autrement dit une quatrième année, pour obtenir sa licence et que de nombreux universitaires souhaitent aujourd'hui que le master 2 devienne l'étalon de base de la formation juridique, ce qui correspondrait à une cinquième année. D'autre part, cette même conception du droit a eu pour effet de reléguer aux marges des facultés de droit la formation proprement professionnelle. Dès lors que la plupart des universitaires français soutiennent que la dogmatique permet de s'initier à la « vérité du droit » que les praticiens ont vocation à appliquer, il n'est plus vraiment nécessaire de s'attacher à cette formation professionnelle ; l'étude du droit auprès de professeurs de droit, qui sont censés maîtriser cette vérité, est réputée y pourvoir. Il suffit d'avoir été correctement initié par eux à la dogmatique pour trouver la bonne solution, et une solution qui n'en respecte pas les canons sera réputée mauvaise, voire « fausse ». Ainsi se distribue la distinction entre les bons et les mauvais juristes, sans qu'il faille chercher ailleurs ce qui fait le bon professionnel du droit.

Ce modèle a pu fonctionner au moment où il a été mis en place. Il a résulté de ce que je pourrais dénommer « l'accord Saleilles/Ballot-Beaupré »[10]. D'un côté, un universitaire qui propose une nouvelle façon d'interpréter les textes, de l'autre le plus haut magistrat de l'ordre judiciaire qui enjoint ses collègues de s'en inspirer pour résoudre les questions du moment – ce qui était une manière de faire allégeance à l'entité doctrinale française naissante.

Plus précisément, l'universitaire remet en cause le primat de la loi qui l'emportait depuis la Révolution. Il relève que les arrêts font apparaître la « réalité » du droit et que les tribunaux sont un lieu légitime pour dire ce droit. Mais il soutient dans le même temps que cette réalité ne contient pas en elle-même sa « vérité ». Les arrêts sont en quelque sorte un matériau brut qui doit être rationalisé par la science pour obtenir ce statut. Or la science, c'est le propre des professeurs ; ce sont eux qui disent la vérité des arrêts qui s'impose en retour aux juges. En d'autres termes, ces derniers admettent que les professeurs puissent énoncer la vérité du droit, ces professeurs consentant en contrepartie à ce que la jurisprudence, dont ils inventent le concept, constitue, sinon une source du droit, du moins l'expression légitime de la réalité du droit « en train de se faire », en l'occurrence sa capacité à produire du « droit vivant », selon une expression qui apparaît à la même époque.

10. V. *supra*, p. 142.

Cependant, cette alliance n'a jamais connu un plein succès. Elle n'a jamais convaincu le législateur, fût-il simplement français. Celui-ci ne s'est jamais soumis aux injonctions dogmatiques de la doctrine. Celle-ci a beau multiplier les « offres de loi » ou vouloir tenir la plume du législateur sur les projets les plus emblématiques, tel actuellement sur le droit des obligations, celui-ci n'en tient que partiellement compte. En dépit des efforts constants de « la doctrine » pour promouvoir, depuis près d'un siècle, le caractère « scientifique » de la dogmatique juridique, c'est ailleurs que ce législateur va le plus souvent chercher l'essentiel des raisons de décider[11], les juristes étant assez fréquemment réduits à l'état de « *plombiers de luxe* »[12]. Ce qui vaut régulièrement à ce législateur une volée de bois vert, et cela depuis qu'il a commencé à se faire nettement plus actif, c'est-à-dire depuis le milieu des années 1920. Car si la plupart des universitaires ne construisent plus les « cathédrales doctrinales » du début du XXe siècle (Hauriou, Duguit, Planiol, Bartin, etc.) ou ne se placent plus à l'avant-garde, mais bien plutôt dans

11. Dès les années d'avant-guerre, le doyen Ripert avait parfaitement compris ce phénomène et le risque de déclassement intellectuel des juristes qu'il risquait d'entraîner, en particulier par rapport aux économistes. Son célèbre essai sur le capitalisme constituait en ce sens une tentative de réhabilitation de la dogmatique juridique, prétendument objective, neutre et dotée d'une « froide impartialité », sur la multitude des théories économiques : *Aspects juridiques du capitalisme moderne*, LGDJ, 2e éd., 1951, spéc. pp. 1-7, qui sont particulièrement éclairantes sur les intentions de l'auteur.

12. Pour reprendre l'expression de J.-F. Gaudreault-DesBiens : « La critique économiste de la tradition romano-germanique », *RTD civ.* 2010, p. 703.

le sillage du droit positif qu'ils se bornent à commenter, à ordonner de manière à peu près cohérente en pensant parfois que cela pourra suffire à assurer leur autorité doctrinale, ils n'entendent pas voir contesté leur pouvoir symbolique.

De même, cette alliance n'a jamais vraiment convaincu les juridictions administratives : les « faiseurs de systèmes » (dont parle Rivero) n'ont jamais réellement séduit les membres du Conseil d'État tout à la fois parce que ceux-ci ont une conception à certains égards plus pragmatique du droit que les faiseurs de systèmes dont ils n'ont pas toujours été les étudiants, et parce qu'ils entendent depuis la fin du XIXe siècle conserver la main sur la « construction » du droit administratif en assumant la double tâche de juge et de dogmaticien. Ce qui pourrait être dit autrement : les membres du Conseil d'État se réservent le soin de produire eux-mêmes la vérité de la réalité du droit qu'ils produisent, renvoyant ainsi les universitaires qui entendent faire œuvre doctrinale à n'être que les auxiliaires de la doctrine du Conseil – au rebours de l'accord évoqué qui faisait des universitaires des guides de la production des juges[13].

13. Le double rôle que joue le Conseil d'État peut contribuer à expliquer la situation particulière des universitaires publicistes par rapport à leurs collègues privatistes. D'une part, il permet de comprendre que les publicistes soient plus nombreux que les privatistes à se détacher de l'étude du droit administratif, au profit d'études plus théoriques, dès l'instant que leur chance d'exercer une quelconque influence sur son évolution est assez mince. De l'autre, ce même rôle explique que les universitaires, qui se consacrent tout de même à l'étude du droit administratif, entretiennent des relations

Mais il y a plus. Comme nous l'avons vu, cette même alliance s'est assez vite défaite sur le terrain de la formation. Dès avant la Seconde Guerre mondiale, les praticiens ont montré des réserves à l'égard de l'enseignement des facultés de droit critiqué pour sa facture trop étroitement dogmatique. Ce qui nous a valu ce que j'ai appelé le « compromis français » : la préservation d'un enseignement doctrinal de base dispensé au sein des facultés de droit, un complément de formation délivré hors ces facultés par les principales professions juridiques et judiciaires[14]. Un complément destiné à former les étudiants à autre chose qu'au « droit des manuels de droit ». Et cela avant même que les facultés de droit ne se mettent à vouloir « professionnaliser » leurs diplômes, ce qui était une manière pour elles de reconnaître au moins implicitement les limites du modèle doctrinal, puisqu'il ne s'agissait plus désormais de se comporter en guide de la pratique mais de se mettre à sa disposition, sans toutefois en tirer pleinement les leçons puisque le modèle n'a pas été remis en cause.

Bien plus, les juges de l'ordre judiciaire ont aussi perçu les limites de ce modèle, non plus en matière de formation, mais dans leur exercice quotidien. Et cela alors même qu'ils avaient pu être à l'origine de l'alliance. Un siècle après Ballot-Beaupré, le Premier président Canivet précisait l'avantage que la

---

complexes avec le Conseil d'État, tout à la fois admiré pour sa puissance et méprisé pour le fait que la plupart de ses membres « n'y font pas vraiment du droit », sous-entendu du droit tel que les professeurs de droit le conçoivent dans une perspective doctrinale.

14. V. *supra*, p. 73 *sq.*

Cour de cassation pouvait tirer de la présence en son sein d'un universitaire devenu conseiller : mêler des conseillers (magistrats) ayant « *une grande expérience du jugement* [et] *une conception réaliste et équitable des solutions* » à des (universitaires) « *juristes de haut niveau rompus au raisonnement de pur droit, aux constructions logiques, à la spéculation, aux abstractions en même temps* [*qu'à*] *une vue extérieure et distanciée de la jurisprudence* »[15]. Le propos était une manière d'adhérer à la conception du droit que délivrent la grande majorité des universitaires depuis plus d'un siècle, celle d'un droit qui doit être ordonné, cohérent, rationnellement construit[16], voire « pur » de toute scorie factuelle, mais en même temps une façon de souligner la limite de cette conception qui méritait au moins d'être complétée. Ce que tenta d'ailleurs de faire le Premier président Canivet auquel la doctrine reprocha très rudement ses ouvertures, fussent-elles empreintes du plus grand pragmatisme, du côté de l'analyse économique du droit – une analyse qui demeure toujours aussi embryonnaire malgré les appels répétés des magistrats à y recourir, fût-ce pour y trouver des sources d'information ou de réflexion[17]. Une façon de rétorquer au plus haut

15. G. Canivet, « Des "professeurs-juges" aux "juges-professeurs" », *La Cour de cassation, l'Université et le Droit – Études en l'honneur de A. Ponsard*, Litec, 2003, p. 121.
16. V. dans ce sens, G. Canivet, « La Cour de cassation et la doctrine », *Propos sur les obligations et quelques autres thèmes fondamentaux du droit – Mélanges offerts à Jean-Luc Aubert*, Dalloz, 2003, spéc. pp. 380-381.
17. V. les propos du président de la mission Droit & Justice, M. Domingo, « Droit et économie : les prémices d'une collaboration féconde », *Recherche Droit et Justice*, n° 36, mai 2011.

magistrat de l'ordre judiciaire qu'il n'y avait pas lieu de revenir sur l'autonomie du droit, une manière aussi de lui préciser que toute décision qui trouverait son origine dans l'appréciation de ses conséquences serait dépourvue du moindre caractère juridique pour n'être que de pure opportunité. Une réplique destinée à interdire toute forme de discours qui s'écarterait du primat de l'autorité doctrinale.

En dépit de cette réplique, il apparaît en définitive que le modèle mis en place il y a près d'un siècle, outre qu'il n'a jamais emporté la conviction de tous, ne tient plus parce que c'est désormais la plupart des juristes qui, à des titres divers, n'y croient plus vraiment, ce modèle n'étant plus tout à fait jugé « digne de foi » – mis à part néanmoins pour une grande majorité de professeurs formés au moule de l'agrégation dont l'un des objectifs est de renouveler sans cesse l'adhésion au modèle doctrinal[18]. L'ennui est que ce modèle continue à façonner l'enseignement du droit puisque celui-ci est au premier chef dans les mains de ces professeurs. Et le fait que ceux-ci aient entendu soit professionnaliser les études de droit, soit les compléter en donnant un surplus de culture générale aux étudiants dans des

18. V. tout à fait caractéristique de cette croyance persistante chez certains agrégés, l'entretien donné par Robert Badinter lors de la création du cabinet « Corpus consultants » (*JCP* G 2011, 1339). Son fondateur y précise que celui-ci ne sera « *composé que de professeurs agrégés de droit* [*qui*] *ne délivreront que des consultations juridiques, de pur droit* ». Non seulement son auteur y sous-entend que les professeurs ont la maîtrise du pur droit caractéristique de l'analyse doctrinale, mais encore que l'agrégation serait la mieux à même de fonder la capacité à le maîtriser.

collèges et autres écoles de droit n'y change rien : cette professionnalisation s'ajoute à un apprentissage doctrinal de base et cette culture générale la complète. Et l'une et l'autre renforcent paradoxalement la légitimité de cet apprentissage dans la mesure où elles ont précisément pour fonction de le compléter.

Imaginer un autre modèle de formation impliquait donc de se détacher de celui inventé en France il y a plus d'un siècle, de ne pas même en colmater les brèches en ajoutant à la dogmatique un complément de formation relevant soit de la professionnalisation, soit de la culture générale, ou en souhaitant un retour à la grande époque de l'activité doctrinale où les constructions dogmatiques l'emportaient sur une conception exagérément technicienne du droit[19]. Pour autant, s'en détacher ne signifiait pas

19. Il me semble que le passage de la conception du travail doctrinal tel qu'il avait été conçu au début du XXe siècle, dont on peut dire en plagiant Geny qu'il ajoutait la science à la technique, à une conception de ce travail, où l'insistance est mise sur la technique dont certains croient ou feignent de croire qu'elle est à soi seule productive de vérité, s'est fait après la guerre et certainement à partir des années 1980. On peut en voir la traduction concrète dans la prolifération de petits manuels de droit qui n'ont plus vraiment vocation à constituer des « cathédrales doctrinales », mais se bornent à mettre en forme le droit positif par le biais de « prêts à l'emploi ». Quant au discours actuel sur la nécessaire « professionnalisation » des études de droit, il est possible qu'il puisse s'analyser en une remise en cause implicite du modèle doctrinal originaire, puisque les professeurs de droit n'entendent plus guider les professionnels en leur disant la vérité du droit, mais souhaitent au contraire se mettre à leur écoute pour adapter les enseignements à leurs demandes (ce qui va peut-être au-delà de la seule prise en considération de la « réalité » de ce que font ces professionnels, à

se désintéresser de la technique ou s'évader de ce que j'ai appelé « le droit du dedans »[20] ; cela signifiait l'enseigner de manière différente en n'inculquant pas aux étudiants que la dogmatique telle qu'elle irrigue le discours des professeurs de droit depuis plus d'un siècle constitue le point d'aboutissement du raisonnement juridique, celui qui permet de toucher à une quelconque « vérité du droit ». Autrement dit, ne pas leur laisser penser que la technique trouve son expression ultime dans les constructions juridiques, c'est-à-dire dans une systématisation du droit perçue comme le point d'aboutissement du travail doctrinal et de son enseignement, tout en ne leur laissant jamais imaginer que la technique puisse se suffire à elle-même.

Ce détachement du modèle intellectuel ayant servi de base à la conception dominante de l'enseignement du droit depuis près d'un siècle ouvrait de nouvelles voies, en permettant de troquer contre une perte d'autorité doctrinale une part plus importante de liberté intellectuelle.

---

la manière où Saleilles entendait prendre en considération le travail des juges). Dans ce contexte, il existe bien quelques voix pour souhaiter un retcur à la « grande doctrine ». Néanmoins, il est possible que celle-ci soit vouée à l'échec, du moins sur les fondements du modèle doctrinal tel qu'il s'est mis en place en France au début du XXe siècle. La critique ravageuse de son équivalent aux États-Unis, à la fois par les Réalistes (qui s'en sont pris à la pensée juridique classique de la fin du XIXe siècle) puis les tenants des *Critical Legal Studies* (qui ont critiqué le modèle doctrinal américain issue de l'après-guerre) en constitue un puissant indice.

20. V. *supra*, p. 52.

Il autorisait d'abord à rendre compte différemment de la technique. Non plus valoriser la cohérence du système et privilégier ce qu'on a pu appeler « *le dogme de la solution unique* » (en fonction de cette équation selon laquelle à une question juridique posée correspondrait une solution unique)[21], non plus s'intéresser de manière primordiale à la substance d'un droit positif sans cesse changeant, voire à un enseignement qui se réduit le plus souvent à une narration raisonnée de ce droit (à défaut de présentation d'un système cohérent), mais lui préférer d'autres regards, d'ailleurs multiples : mesurer la part que la technique joue dans ce qu'il est convenu d'appeler les « contraintes juridiques »[22], substituer à une présentation majoritairement formaliste de ses éléments une approche plus fonctionnaliste[23],

21. V. l'analyse critique de Michel Boudot, *Le dogme de la solution unique*, th. Aix-Marseille, 1999.
22. V. sur ce thème, M. Troper, V. Champeil-Desplats, Ch. Grzegorczyk (dir.), *Théorie des contraintes juridiques*, LGDJ/Bruylant, 2005.
23. Ce fut, par exemple, le programme des réalistes américains de substituer un regard fonctionnaliste au formalisme dominant à l'époque. Ce qui pouvait engendrer des modifications de ce genre dans l'enseignement du droit : « *Furthermore, the formalist method of assigning objects to categories was inverted. Instead of asking, "is it an offer", they would ask, "what do you think would be the practical consequences if we labelled this an offer ?" And, "couldn't we say that it should be treated as an offer for some purposes but not for others ?". So too realism inverted rights and remedies ; it is now the remedies available that define the scope of the right* » (R. W. Gordon, « Critical Legal Studies as a Teaching Method, Against the Background of the Intellectual Politics of Modern Legal Education in the United States », (1989) 1 *Legal Educ. Rev.* 59, 62).

focaliser son attention sur les contradictions internes qui lui sont propres[24], etc.

Dans le même ordre d'idées, ce même détachement permettait aussi de porter une attention nettement plus soutenue (et plus rigoureuse) sur des éléments d'analyse que les juristes français négligent quand ils ne les rejettent pas de la sphère des arguments juridiques, alors même qu'une personne, dont le regard est à peine exercé sur la manière dont ces juristes prennent leurs décisions, en perçoit le caractère central : l'analyse de leurs conséquences économiques (une façon d'aborder l'analyse économique du droit), des effets concrets qu'elles produisent sur la société (ce qui ouvre la voie à des recherches empiriques), de la manière dont ces décisions distribuent le pouvoir entre les acteurs (ce qui autorise des ponts avec la science politique), de celle dont elles sont prises à l'étranger dans des contextes similaires (ce qui implique de focaliser son attention sur une comparaison des droits), de la nature des idéologies ou des présupposés de genres qui les sous-tendent (ce qui introduit par exemple aux théories féministes), de l'influence qu'exerce le style des juristes sur leur manière d'aborder les questions qui leur sont soumises (ce qui ouvre la voie à l'analyse littéraire), etc.[25]

---

24. Ce qui fut le projet des *CLS*, à propos duquel on peut lire un exemple d'effet que cela produisit sur la façon d'enseigner le droit : G. Frug, « A Critical Theory of Law », (1989) 1 *Legal Educ. Rev.* 43.

25. V. pour un seul exemple en matière de droit des contrats, R. A. Hillman, *The Richness of Contract Law – An Analysis and Critique of Contemporary Theories of Contract Law*, Kluwer, 1997, qui

Ce même détachement permettait enfin de traiter certaines questions que l'analyse doctrinale interdit de penser, tel le mouvement de mondialisation du droit dont de nombreux praticiens nous ont confié qu'elle constituait pour eux un enjeu majeur et dont beaucoup pensent aujourd'hui qu'elle institue, non un changement d'échelle, mais un changement de paradigme dans la manière de penser le droit[26], avec tous les effets susceptibles d'en découler en matière de formation (il suffit de se reporter au nombre impressionnant d'écrits et de colloques qui se tiennent aujourd'hui partout dans le monde sur ce sujet). Penser le droit sur un registre doctrinal comme l'ont fait les rénovateurs de la pensée juridique française à la fin du XIXe siècle a eu sa contrepartie : son caractère essentiellement national, et son adossement à l'État. Un système est en effet d'autant plus cohérent qu'il opère sur des bases restreintes. La multiplication des sources ne peut alors qu'engendrer la longue complainte du désordre, ce que l'on put déjà constater avec la multiplication des sources européennes et communautaires[27], mais

---

recense plus spécialement les théories contextualistes, néo-formalistes, critiques, économiques, empiriques et relationnelles du droit des contrats (étant précisé que les théories relationnelles sont à peu près les seules à être connues des juristes français – si l'on met à part la polémique constante relative à la légitimité même de l'analyse économique du droit).

26. V. pour un seul exemple, mais significatif, W. Twining, *General Jurisprudence – Understanding Law from a Global Perspective*, Cambridge UP, 2009.

27. L'analyse des spécialistes de droit européen n'emprunte pas nécessairement au registre de la nostalgie d'un droit national ordonné. V. récemment, J.-S. Bergé et S. Robien-Olivier, *Droit européen*, PUF, 2e éd., 2011.

aussi une incapacité à penser ce phénomène nouveau autrement que sur un ton nostalgique renvoyant à un mythique âge d'or – un ton qui emplit les revues juridiques. Et quand à la multiplication des sources s'ajoutent de tout autres manières de concevoir le droit, comme c'est le cas avec un mouvement de mondialisation qui met les juristes aux prises avec une multitude de cultures dont la plupart sont ignorantes de la conception proprement occidentale du droit, le modèle doctrinal français devient intenable. En ce sens, l'emprise de ce modèle sur les esprits, la manière qu'il a de les formater, peut s'analyser en un véritable « obstacle épistémologique »[28] propre à les rendre incapables de penser le droit dans un avenir proche – et donc la manière de l'exercer.

En définitive, ce qui a été au fondement du projet intellectuel ayant présidé à la création de l'École de Droit de Sciences Po, c'est la mise en cause du modèle doctrinal tel qu'il s'est imposé en France depuis plus d'un siècle. En ayant peut-être à l'esprit les mots de Llewellyn que j'ai placé en exergue de ce livre, parce qu'il s'oppose directement à cette manière de concevoir le droit et son apprentissage : « *Le rôle du professeur tel que je le conçois n'est pas de faire la lumière sur la vérité* »[29]. En sachant que cette mise en cause devait en quelque sorte permettre à ceux des universitaires qui tenteraient l'expérience de

---

28. Sur lequel, G. Bachelard, *La formation de l'esprit scientifique*, Vrin, 14e éd., 1989, spéc. pp. 13-22.
29. K. L. Llewellyn, *Cases and materials on Sales*, Callaghan, 1929, p. XVII.

reprendre le cours d'une histoire française interrompue durant les années 1920, tout en tenant compte de la manière dont cette histoire s'était poursuivie ailleurs, plus spécialement dans des pays où la logique doctrinale ne s'est jamais vraiment imposée ou ne s'impose plus avec la même force – ce qui nous renvoie plus spécialement aux deux modèles précédemment décrits[30]. Des modèles qui privilégient une plus grande diversité intellectuelle, en dépit de l'apparition de nouvelles rigidités issues précisément d'une remise en cause parfois radicale de l'analyse doctrinale (*doctrinal analysis*) au profit d'autres modèles[31]. Des modèles où tout a été expérimenté en matière de formation : du rôle primordial, si ce n'est exclusif, joué par l'expérience dans l'apprentissage du droit à la défense des enseignements les plus théoriques propres à former tout à la fois des praticiens du droit et des acteurs globaux du jeu social – juristes, mais aussi administrateurs, politiciens ou dirigeants d'entreprise.

Nous devions aussi avoir à l'esprit qu'en agissant comme nous le souhaitions, nous étions proches d'un plus grand nombre de collègues français que nous pouvions le croire et nous nous inscrivions dans un mouvement plus général qui touche aujourd'hui même les pays d'une tradition proche de la nôtre[32].

30. V. *supra*, p. 97 *sq*.
31. V. par exemple, D. M. Rabban, « Does Professional Education Constrain Academic Freedom ? », 43 *J. Legal Educ.* 358 (1993).
32. À cet égard, le droit européen constitue l'instrument d'une remise en cause de certaines des certitudes les mieux ancrées dans l'esprit des juristes. V. récemment en Allemagne, la conclusion des propos du professeur von Bogdansky, « La science juridique dans

Nous devions surtout ne pas oublier que nous nous attaquions de front à ce qui fait depuis le commencement du XXe siècle le magistère des facultés de droit françaises sur l'ensemble des juristes – autrement dit à ce qu'elles croient être encore à l'origine de leur pouvoir, de ce qu'on appelle l'autorité doctrinale : leur capacité à exprimer la « vérité du droit ». Ce qui allait au moins nous permettre de mieux comprendre la violence des critiques et réfléchir avec soin à ce que nous allions construire.

---

l'espace juridique européen, une réflexion à partir de l'exemple allemand », *D.* 2011, p. 2822 : « *Le travail dogmatique devrait demeurer un point central de l'identité de la science juridique... Mais à ce noyau dogmatique devrait s'ajouter, plus que jusqu'à présent, toute une série d'autres centres d'intérêts de recherche, des concepts, des théories et des méthodes, considérés comme tout aussi essentiels* ». – *Adde*, M. W. Hesselink, « A European Legal Method ? On European Private Law and Scientific Method », *European Law Journal*, vol. 15, n° 1, 2009, spéc. pp. 30-31, qui peut tout aussi bien s'appliquer aux juristes français : « *On the other hand, however, legal scholars do not always sufficiently recognize that in Europe the borderline between the external and the internal perspective is gradually blurring as a result of an increasingly less formal and more substantive legal culture. The instrumentalist and impressionistic approach of EC directives, the pragmatic style of the European Court of Justice (ECJ), the subversive role of comparative law with its functional method, the external economic, cultural and political perspectives given by academics, the success of soft law which is based on substantive authority rather than on formal enactment, and the gradually less local-oriented legal education as a result of the implementation of the Bologna Declaration, together contribute to a new European legal culture that is less formal, dogmatic and positivist than national legal cultures in Europe have been* ». – Comp. M. W. Hesselink, *The New European Legal Culture*, Kluwer, 2001, qui soutenait plus spécialement qu'en dépit de résistances, la culture juridique européenne allait à l'avenir développer une pensée qui serait moins formaliste et dogmatique (*formal-dogmatic*) et plus orientée vers une analyse substantielle et pragmatique (*substantive-pragmatic*).

Chapitre 5

Le design institutionnel

Pour concevoir le design institutionnel propre à mettre en œuvre concrètement le projet intellectuel qui vient d'être exposé, il fallait tout d'abord tenir compte des spécificités de l'institution dans laquelle allait s'insérer la nouvelle École de Droit, tirer les cas échéant les enseignements des expériences étrangères précédemment décrites, et enfin s'interroger sur le type de juristes que nous entendions plus spécialement former. C'est uniquement ensuite que nous pourrions tout à la fois élaborer un curriculum et songer à constituer une communauté universitaire.

A. Trois remarques préalables

Celles-ci peuvent se résumer de la manière suivante : *primo*, le cursus se distingue de celui des facultés de droit françaises en ce qu'il s'adresse à des étudiants d'ores et déjà diplômés de l'enseignement supérieur ; *secundo*, si les initiateurs du projet ont tiré les enseignements de certains modèles étrangers, ils n'ont pas pour autant entendu importer tel ou tel d'entre eux ; *tertio*, ce même projet n'a pas pour objectif de former des étudiants aux seules fonctions de juriste.

La spécificité de l'École de Droit de Sciences Po : un cursus de second cycle

L'École de Droit a vocation à accueillir trois catégories de personnes. Initialement la plus importante, la première est composée d'étudiants issus du Collège universitaire de Sciences Po, autrement dit d'étudiants qui, après avoir été sélectionnés à l'issue du baccalauréat, sont formés aux humanités et aux langues étrangères durant trois années, dont la dernière se déroule nécessairement dans un pays tiers. La seconde est composée d'étudiants au moins titulaires d'un diplôme de premier cycle d'études supérieures obtenu au sein d'une université étrangère, ce qui ne signifie pas que tous ces étudiants soient nécessairement de nationalité étrangère. La troisième catégorie est enfin composée d'étudiants diplômés d'un établissement français d'enseignement supérieur qui décident d'intégrer Sciences Po directement au niveau du master après avoir réussi un concours d'entrée spécifique. Et cela quelle que soit leur provenance, aucun pré-requis en droit n'étant exigé pour être admis à l'École de Droit. Ce qui signifie concrètement que celle-ci accueille aussi bien des licenciés en mathématiques que des ingénieurs, des titulaires de masters de philosophie que des diplômées en éducation physique et sportive.

La possibilité de sélectionner les étudiants fut l'un des reproches majeurs adressé à Sciences Po par les membres des facultés de droit. Nombre d'entre eux y virent l'expression principale d'une situation de concurrence déloyale : aux facultés de droit serait revenue la gestion des gros bataillons, alors que l'École de Droit aurait pu choisir son public. Autrement dit, elle aurait été la seule à pouvoir vraiment pratiquer une politique d'excellence.

L'argument a sa part de vérité, mais il ne s'agit que d'une vérité partielle. Car les étudiants atteignant le niveau du master 1, qui correspond au début du cursus de formation au sein de l'École de Droit, ont d'ores et déjà amplement été sélectionnés au sein des facultés de droit. Imaginons que ces facultés décident demain que l'étude du droit ne commencera qu'après que les étudiants auront obtenu un diplôme sanctionnant trois années d'études, elles n'auront plus de masses aussi importantes à gérer et elles accueilleront des étudiants nécessairement d'un meilleur niveau. Néanmoins, ce débat n'a jamais eu lieu. Aux États-Unis, c'est la volonté d'accroître la dimension « scientifique » des études juridiques qui incita le doyen Langdell à prôner, à la fin du XIXe siècle, le passage d'une formation dispensée au sein des « *colleges* » à une formation délivrée par des écoles professionnelles – autrement dit, le passage du niveau « *undergraduate* » ou niveau « *graduate* »[1]. En France, nul ne s'est vraiment interrogé sur le point de savoir si les études de droit devaient trouver leur place en premier ou en second

1. V. *supra*, p. 108.

cycle. Les étudiants ont traditionnellement été encouragés, soit à suivre des études littéraires (souvenons-nous du décret de 1852[2]) ou de culture dite générale (dont l'École libre des sciences politiques a longtemps constitué le modèle) parallèlement à leurs études de droit, soit plus récemment à compléter leur formation juridique par un passage au sein d'une école de commerce – l'inverse n'ayant jamais été érigé en modèle, même s'il est assez largement pratiqué (un diplôme d'une école de commerce suivi par une année au sein d'une faculté de droit). De même, durant les années 1900, les enseignements qui n'étaient pas considérés comme étant proprement « juridiques » ont été intégrés dans le corps même du cursus des facultés de droit (sciences économiques, relations internationales, sociologie politique, etc.). Et au cours des années 2000, ces mêmes enseignements et quelques autres ont été, non pas à proprement parler intégrés, mais ajoutés au cursus et réservés aux meilleurs étudiants, cette fois dûment sélectionnés, selon le modèle du « collège de droit » originairement mis en place par l'Université Paris II, en même temps que certaines facultés de droit créaient un nombre croissant de doubles diplômes – droit et langues, droit et économie, droit et histoire de l'art, etc. – à partir de l'expérience originaire des bi-DEUG menée il y a déjà plusieurs décennies à l'Université Paris X.

En choisissant d'exiger l'obtention d'un diplôme préalablement à l'étude du droit, c'est donc un modèle différent qu'a entendu expérimenter

2. V. *supra*, pp. 90-91.

Sciences Po, sans que l'on puisse vraiment lui reprocher de bénéficier d'un statut dérogatoire et privilégié. Et cela tout à la fois parce qu'au niveau du master 1, les facultés de droit ont déjà pratiqué officieusement une sélection drastique (ce qui, dans certaines d'entre elles, réduit de manière considérable les masses d'étudiants à gérer, au point qu'ils peuvent parfois n'être qu'une centaine en master 1), et parce que ces mêmes facultés ont aujourd'hui la possibilité, cette fois très officiellement, de sélectionner leurs étudiants en créant des filières du type de celle du « collège de droit » ou des doubles diplômes. Il s'ensuit que la différence majeure qui existe entre ces facultés et Sciences Po tient plutôt dans le fait que la formation « non juridique » se fait parallèlement aux études de droit dans le premier cas, antérieurement à ces mêmes études dans le second.

Or cette différence n'est pas dénuée d'importance. D'une part, la culture générale ou les humanités ne sont pas seules en jeu ; entrent aussi en considération des questions de maturité. Accueillir des étudiants, ayant poursuivi des études supérieures de quelque nature que ce soit, trois ou quatre ans après l'obtention de leur baccalauréat, ce n'est pas la même chose que de recevoir des étudiants à l'issue du baccalauréat. Les premiers auront développé des méthodes de travail, accumulé des expériences diverses, voire pris un certain recul sur la vie, en un mot acquis une maturité que n'auront pas les seconds. Ce qui changera nécessairement leur façon de recevoir les enseignements juridiques qui leurs seront dispensés. Idéalement d'ailleurs, à l'image de ce qui se pratique assez couramment aux États-Unis, une première expérience de travail pourrait constituer un avantage : quiconque a enseigné à de jeunes professionnels sait à quel point ces derniers perçoivent le droit d'une manière moins abstraite ou désincarnée.

D'autre part, l'expérience menée à Sciences Po, qui place tous les étudiants sur un pied d'égalité puisque tous doivent être titulaires d'un diplôme de l'enseignement supérieur, permet de ne pas distinguer entre deux catégories de juristes : ceux qui ont reçu un enseignement complémentaire au seul enseignement juridique et ceux qui ne l'ont pas reçu – une distinction qui correspond au modèle des « collèges de droit ». Car de deux choses l'une : soit il est nécessaire pour un juriste de ne pas être formé seulement au droit, et ce sont alors tous les apprentis juristes qui doivent bénéficier d'une double formation (quelle que soit d'ailleurs sa temporalité : parallèle, antérieure, postérieure aux études de droit) ; soit il ne s'agit pas d'une nécessité et les avantages qui sont alors attendus de cette double formation ne tiennent plus vraiment à la qualité de la formation juridique, mais à une volonté d'afficher une politique « d'excellence » ou de sélection à l'égard de futurs employeurs. Ce qui est tout autre chose.

Les modèles étrangers : s'en inspirer sans les importer

En m'inspirant de la distinction esquissée par Max Weber, j'ai précédemment tenté de discerner trois modèles différents en matière pédagogique, trois modèles qui sont le produit d'histoires spécifiques : le modèle propre aux juristes français que ces derniers ont en partage, avec des nuances, avec la plupart de leurs homologues des pays d'Europe continentale et d'Amérique du Sud, le modèle anglais et le modèle américain[3]. Pour établir un programme de formation, une première question se posait : dans la mesure où celui-ci s'appuit sur une critique du modèle français, fallait-il verser d'un modèle à un autre ? Rien n'est moins sûr, car ce que proposent Anglais et Américains ne constitue pas la panacée, même si ce qu'ils ont mis en place mérite d'être médité.

Il y a deux façons de regarder du côté anglais. D'une part, observer les réformes qu'ils ont accomplies depuis le début des années 1970 et constater qu'ils se contentent aujourd'hui de trois années de *bachelor* (autrement dit, de premier cycle universitaire) ou d'une année préparatoire seulement dès lors qu'un étudiant est d'ores et déjà diplômé de l'enseignement supérieur (et cela pour répondre à ce qui fut une forte demande des praticiens). Ce qui est une manière de relativiser les exigences françaises d'une formation en quatre ou cinq ans dont certains feignent de croire qu'elle serait universelle – tout en acceptant sans difficulté que certains diplômés de grandes écoles de commerce puissent ne passer qu'une année au sein d'une faculté de droit. D'autre part, se souvenir des débats récurrents chez les juristes anglais qui reviennent en

3. V. *supra*, p. 97 *sq*.

définitive à se poser une question tout à la fois brutale et dérangeante : des études de droit suivies à l'université sont-elles vraiment nécessaires pour former un juriste ? Souvenons-nous que *solicitors* et *barristers* s'en sont longtemps passés sans que l'on puisse soutenir que la formation exclusivement pratique des juristes anglais ait nui à la qualité de leur droit. Or ce modèle n'est pas tout à fait étranger à ce que nous connaissons. Après tout, de nombreux membres du Conseil d'État n'ont jamais fréquenté les facultés de droit. À dire vrai, il ne serait peut-être pas impossible de soutenir que d'excellentes études supérieures menées pendant quatre ou cinq ans suivies d'un apprentissage assidu et très étroitement contrôlé auprès de ses pairs valent bien quelques années passées à user les bancs des facultés de droit. Néanmoins, ce serait ignorer que le système a quelque chose de tout à fait élitiste et peu reproductible à grande échelle : tous les juristes n'ont pas la chance d'être soumis au régime des auditeurs au Conseil d'État.

Quant au modèle américain (repris par les Australiens ou les Japonais), il présente au moins un avantage d'ordre institutionnel : celui de s'accorder à l'architecture de Sciences Po. Je viens de le dire : la nouvelle École de Droit permet à des étudiants titulaires d'un diplôme sanctionnant au moins trois années d'études supérieures de poursuivre leur formation juridique durant deux années de master. Or ces deux années ne sont pas très éloignées des trois années de *JD*. Et elles le sont d'autant moins que nous avons déjà dit que les juristes américains s'interrogent depuis longtemps sur le statut de cette troisième année[4]. Nombreux sont ceux qui vont même jusqu'à soutenir que la spécificité des écoles de droit américaines tient à la première année où sont regroupés tous les cours réputés fondamentaux qui sont enseignés suivant la fameuse méthode socratique. Pour cette raison au moins, les promoteurs de l'École de Droit devaient regarder précisément du côté des États-Unis, sans oublier toutefois les débats qui agitent les universités américaines, spécialement en ce qui concerne l'architecture générale d'une formation en deux ou trois ans. Ce qui devait amener à regarder d'un peu plus près les résultats des études menées auprès des étudiants américains sur leur degré de satisfaction vis-à-vis de la formation qu'ils ont reçue au sein des écoles de droit. Or ceux-ci expriment un sentiment mitigé : ils se plaignent assez souvent du caractère trop théorique des cours qui leur ont été dispensés, insistent sur la nécessité d'accorder une importance accrue aux enseignements de clinique et d'écriture juridique (*clinical and legal writing courses*) et sur le rôle fondamental qu'ont joué leurs stages dans leur formation[5]. Or cette perception, renforcée depuis que la récente crise financière a fortement tendu le marché de l'emploi aux États-Unis, a relancé le débat sur la possibilité de réduire la durée des *JD* à deux années, voie dans laquelle se sont d'ores et déjà engagées quelques *law schools*, voire sur une

4. V. *supra*, p. 119.
5. V. par exemple, *After the JD : First Results of a National Study of Legal Careers*, The NALP Foundation for Law Career Research and Education and the American Bar Foundation, 2004, p. 79.

répartition différente entre études théoriques et études à vocation professionnelle au cours de la formation – un débat à dire vrai récurrent qu'avait déjà repris le très controversé rapport de la fondation *Carnegie* en 2007[6].

En regardant du côté des modèles étrangers, il était donc possible d'acquérir au moins une certitude, à savoir qu'il n'existe aucune durée adéquate pour former un juriste. Il était aussi possible de soutenir que cette durée peut être réduite quand les étudiants sont d'ores et déjà titulaires d'un diplôme de l'enseignement supérieur au moment où ils entament leurs études de droit, voire que la durée la plus longue semble correspondre à des cultures juridiques au dogmatisme le plus affirmé, et sous cette réserve que la durée jugée parfois excessive des études y fasse aussi débat[7].

Néanmoins, le regard porté du côté des États-Unis pouvait ne pas se limiter à la durée des études qui semblait conforter le projet de l'École de Droit de Sciences Po. Il pouvait aussi viser son contenu. Dès l'instant que les études de droit sont réputées de courte durée, il apparaît en effet nécessaire de procéder à des choix drastiques. Ceux-ci ont été faits de longue date du côté américain où l'apprentissage de l'art de penser comme un juriste (*to think like a lawyer*) ne passe pas par une

6. W. M. Sullivan, A. Colby, J. W. Wegner, L. Bond & L. S. Shulman, *Educating Lawyers – Preparation for the Profession of Law*, The Carnegie Foundation for the Advancement of Teaching, 2007.
7. V. à propos de l'Allemagne, S. Korioth, « Legal Education in Germany Today », 24 *Wis. Int'l L. J.* 85, 103-104 (2006-2007).

accumulation des connaissances qui porterait sur la totalité d'un prétendu « système juridique ». Plutôt que d'insister sur la substance même du droit, les universitaires américains mettent l'accent sur certains concepts fondamentaux, des méthodes de raisonnement, ou encore des manières d'argumenter. Et cela de manière à peu près constante depuis un siècle, c'est-à-dire depuis que le modèle imaginé par Langdell et ses successeurs s'est s'imposé. Mis à part les cours de première année réputés fondamentaux, autrement dit les plus formateurs, que sont encore aujourd'hui le droit constitutionnel, le droit des biens, le droit des contrats et de la responsabilité civile, le droit criminel et la procédure civile et criminelle, auxquels s'ajoutent traditionnellement des enseignements consacrés à la recherche et à l'écriture juridiques (*legal research and writings*), les étudiants disposent le plus fréquemment d'un large éventail de cours optionnels durant les deux années suivantes, ce qui leur permet de multiplier les expériences intellectuelles.

Au moment d'imaginer un curriculum, l'insistance mise sur l'acquisition de modes de raisonnement et des manières diverses de se poser des questions en droit, plutôt que sur l'accumulation de solutions de droit positif et leur ordonnancement, pouvait constituer une seconde piste de réflexion. Et cela même s'il fallait garder à l'esprit les nombreuses critiques dont ce système d'enseignement fait l'objet depuis plusieurs décennies : un choix de cours de première année politiquement daté, une méthode socratique non dénuée de défauts, une méthode des cas (*case method*) qui fait la part trop belle à l'étude des seules décisions des juridictions supérieures sans permettre aux étudiants de se familiariser avec la manières dont les juristes raisonnent au quotidien, etc. Le tout au point de susciter à intervalles réguliers des réformes importantes[8].

Une nouvelle École de Droit : ne former que des juristes ?

Cette interrogation mérite quelques mots d'explication. Il est évident que les facultés de droit françaises n'ont jamais formé seulement des professionnels du droit : leur histoire récente démontre qu'elles ont longtemps accueilli des enfants de la bourgeoisie industrieuse et formé les membres de la haute fonction publique[9]. Et le fait que les études de droit prennent place au sein du premier cycle universitaire leur confère une vocation assez généraliste, spécialement jusqu'à la licence : de nombreux étudiants passent un temps plus ou moins long sur leurs bancs avant d'aller quérir ailleurs un savoir professionnel qui peut être d'une tout autre nature.

Or, nous venons de le voir, l'École de Droit de Sciences Po n'est pas dans la même situation, puisque les étudiants qui la rejoignent sont d'ores et déjà titulaires d'un diplôme de premier cycle. Elle serait plutôt confrontée au même phénomène que les écoles de droit nord-américaines. Les

8. V. la présentation générale de T. M. Fine, « Reflections on U. S. Law Curricular Reform », 10 *German Law Journal* 717 (2009).
9. V. *supra*, p. 73 *sq*.

collègues qui y enseignent (du moins dans les plus élitistes d'entre elles) ont parfaitement conscience du fait que les étudiants qu'ils forment rejoindront des mondes très divers : de la haute fonction publique au monde des affaires en passant par la politique, les diverses agences de régulation ou encore les organisations non gouvernementales. Ils ont parfaitement conscience du rôle central que jouent les *lawyers* dans la société américaine, ce qui est une des raisons pour lesquelles ils tentent aujourd'hui de fournir à leurs étudiants des formations pluridisciplinaires, et une gamme très étendue de cours, ou de leur offrir des cursus adaptés au mouvement de mondialisation de l'économie.

Certes, la société française n'est pas structurée de manière identique : les juristes n'y jouent pas un rôle aussi crucial et les hiérarchies académiques y sont différentes. L'élite y est formée dans certaines écoles d'ingénieurs et quelques très grandes écoles. Et quand l'État veut se doter des meilleurs juristes, il ne songe pas aux facultés de droit, mais à l'ENA. Pour autant, quelques indices démontrent que les choses changent. Il existe un nombre croissant de membres du Conseil d'État qui rejoignent de très grands cabinets d'avocats, non seulement pour des raisons financières, mais aussi parce qu'ils savent que du pouvoir s'y exerce[10]. Ce qui est une manière de dire que les métiers exercés par les

---

10. V. sur ce thème, O. Debouzy, « Les avocats et le rôle du droit dans la société française », *ENA mensuel* n° 329, févr. 2003, p. 41 *sq*. – *Adde*, A. Vauchez, « Élite politico-administrative et barreau d'affaires. Sociologie d'un espace-frontière », *Pouvoirs*, t. 140, 2012, p. 71 *sq*.

avocats sont aujourd'hui multiples et qu'ils se rapprochent des sphères du pouvoir – pouvoir économique et pouvoir étatique. Quant à la fonction de juriste d'entreprise, elle ne cesse de gagner en prestige, même s'il existe encore peu de directeurs juridiques qui occupent des fonctions de direction générale. Le rôle des juristes est donc en train d'évoluer. De manière générale, le juriste est moins celui qui détermine la limite à ne pas franchir, en énonçant la règle applicable, que celui dont on attend désormais qu'il facilite la réalisation d'une multitude de projets. Et ce rôle pourrait encore évoluer plus rapidement avec le mouvement de globalisation de l'économie qui exige à tous niveaux des montages juridiques sophistiqués où la part des droits étatiques est moindre.

De ce point de vue, et si l'on raisonne à l'échelon d'une ou deux générations, les juristes français pourraient jouer le rôle des *lawyers* qui sont capables d'essaimer dans tous les secteurs d'activités en profitant des avantages que leur procure une formation qui sait embrasser un très large spectre : d'une manière particulière de raisonner à la maîtrise de toute une série de questions connexes. Ce que ma propre expérience au sein de Sciences Po m'a fait percevoir : avant même la création de l'École de Droit, j'ai rencontré de nombreux étudiants titulaires de la spécialité « droit économique » du master de Sciences Po qui, travaillant dans d'autres domaines que le droit, m'ont précisé que la formation juridique qu'ils y avaient reçue leur donnait en quelque sorte un avantage comparatif par rapport à leurs différents collègues de travail, dont le plus grand nombre a été exclusivement nourri à une pensée de nature managériale.

En songeant à la création de l'École de Droit, il ne fallait donc pas négliger ce dernier aspect : former des étudiants qui fréquenteraient bientôt l'élite économique ou administrative de notre pays, peut-être au point de les concurrencer, ou que les carrières éloigneraient de manière presque immédiate de l'exercice d'une profession proprement juridique.

B. L'élaboration d'un curriculum

Imaginer un curriculum incite à la plus grande modestie. La meilleure manière de former un juriste (ou plus exactement des juristes aux pratiques diverses) demeure assez largement une aporie. Et tenter de la résoudre est rendu d'autant plus difficile que tous les étudiants en droit ne deviendront pas des juristes. Si nul ne connaît la recette, il semble néanmoins que l'on cherche partout dans le monde à mêler, selon des rythmes et des dosages très variables, un enseignement théorique – de facture plus ou moins dogmatique et délivré de manière plus ou moins unilatérale – à un apprentissage où la mise en contexte et l'imitation des pratiques professionnelles jouent un rôle majeur[11]. Le tout sans jamais vraiment comprendre, selon les interrogations d'un

11. V. sur les avantages de cette méthode d'apprentissage, D. J. Givelber, B. K. Baker, J. McDevitt and R. Miliano, « Learning

auteur américain, pour quelles raisons exactes certains juristes se bornent à prendre de l'âge quand d'autres acquièrent de l'expérience[12]. Ce qui est une manière de souligner que la pédagogie n'est pas une science exacte, mais un art politique.

Sous cette importante réserve, l'idée directrice ayant présidé à l'élaboration du curriculum de l'École de Droit pourrait se résumer ainsi : à la volonté de cultiver l'imagination créatrice de ses étudiants pour leur permettre, comme le releva un jour le doyen Horsmans au cours d'une des nombreuses réunions ayant préfiguré la création de l'École, de répondre aux questions multiples qui leur seront posées demain avec les instruments intellectuels qui leur auront été fournis aujourd'hui.

Dans cet esprit, nous allions imaginer un curriculum où nous tacherions de multiplier les expériences pédagogiques, afin de confronter sans cesse les étudiants à des façons différentes d'aborder le droit, de poser des questions, de les présenter, d'en débattre et d'imaginer des solutions. Autrement dit, ne pas les enfermer dans un seul modèle intellectuel, ne pas leur transmettre des solutions acquises, ne leur conférer aucune certitude afin qu'ils puissent s'ouvrir à divers modes de pensée et d'action et ne pas être désorientés par des questions inédites qu'ils seraient amenés un jour à résoudre.

Through Work : an Emprical Study of Legal Internship », 45 *J. Legal Educ.* 1 (1995).

12. G. L. Blasi, « What Lawyers Know : Lawyering Expertise, Cognitive Science, and the Functions of Theory », 45 *J. Legal Educ.* 313, 314 (1995).

L'élaboration du curriculum a donc été fondée sur un pari tenant au lien qui peut exister entre la multiplicité des expériences pédagogiques et l'imagination créatrice en droit. Ce qui a exigé de réfléchir tout à la fois à la temporalité et au contenu de la formation.

À dire vrai, telle qu'elle est présentée par les juristes français, et pour les raisons que j'ai déjà exposées, la question de la temporalité n'était plus une question pertinente à nos yeux. L'important ne tenait pas au volume horaire, mais à l'organisation de la formation à l'intérieur des frontières temporelles préalablement fixées, ni le rythme, ni les méthodes d'apprentissage ne pouvant être les mêmes selon que le cursus s'étale sur deux ans ou sur quatre ou cinq ans.

Ayant retenu un cursus sur deux années, nous devions donc adapter le contenu de nos enseignements ainsi que nos méthodes pédagogiques. Après de très nombreuses discussions, nous décidâmes de distinguer entre une première année consacrée à l'apprentissage des fondamentaux du droit, et une seconde année destinée à un approfondissement portant sur certains objets particuliers. Puis fut ajoutée une troisième année, intermédiaire entre les deux autres, qui mérite quelques explications. Au cours des travaux de la commission chargée d'expertiser le projet établi par les professeurs de Sciences Po, plusieurs de ses membres s'émurent de la brièveté de la formation, non pour elle-même, mais parce qu'ils craignaient que, dans le contexte français, des tiers mal informés ne reprochassent aux étudiants de la future École de recevoir une formation au rabais. Compte tenu de l'impossibilité d'ajouter une troisième année à un master qui n'en comporte statutairement que deux, il fut alors imaginé de proposer aux étudiants d'opter le cas échéant pour une année de césure entre la première et la seconde année de formation : durant cette année, ces derniers pourraient choisir de suivre un ou plusieurs stages de longue durée. Cette année de césure a néanmoins très rapidement changé de visage et le succès qu'elle a rencontrée auprès des étudiants en a fait un élément important de la formation, ce qui implique que je m'y arrête pour en préciser l'objet.

Première année : l'apprentissage des fondamentaux

Imaginer cette première année d'enseignement du droit nécessite de répondre à plusieurs questions. La première tient au contenu des cours qui peuvent être dispensés, la seconde à la méthode pédagogique employée, la dernière aux langues d'enseignement.

• Le contenu des enseignements

Cette question a beaucoup agité les juristes français de la fin du XIXe siècle quand il fallut s'interroger sur la réforme des études juridiques qui rompaient avec le rythme napoléonien, celui d'un apprentissage suivant les articles du code, au profit d'une liberté accrue de l'enseignant. L'une des principales questions posée fut celle de l'ordre dans lequel il fallait apprendre le droit civil – étant acquis que celui-ci formait un système : les étudiants devaient-ils commencer par le droit des obligations ou le droit des biens, ou encore apprendre le droit des régimes matrimoniaux avant le droit des successions ? De même se posait la question épineuse d'une introduction au droit : elle fut conçue de manière encyclopédique, en ce sens qu'elle devait fournir aux étudiants un panorama d'ensemble du droit et plus encore d'un droit civil conçu comme un tout auquel chaque partie renvoyait de manière cohérente. À cela s'ajoutait encore le débat autour des travaux pratiques et de leur combinaison avec le cours magistral ; il fut conclu en réduisant la pratique essentiellement à l'apprentissage de la lecture des arrêts, l'étude de la jurisprudence étant supposée faire la part belle au « droit vivant ».

Pour le reste, les enseignements se sont un peu accumulés les uns aux autres au fil des décennies, sans ordre particulier, mais plutôt en fonction de l'importance qu'on a bien voulu leur accorder. Le droit des contrats spéciaux a fait son entrée durant les années 1950 et son enseignement a encore pris du poids quand il s'est mué en droit des contrats civils et commerciaux. Le droit du travail a cru en importance avec le volume qu'il a acquis durant la seconde moitié du XXe siècle pour rompre définitivement avec les cours de législation industrielle qui l'avaient précédé. Parions qu'avec l'importance prise par la récente question prioritaire de constitutionnalité, l'enseignement du contentieux constitutionnel tiendra bientôt une position centrale.

De manière générale, le droit civil a lentement décliné au profit d'autres matières, même si quelques constantes demeurent, tel le cours de droit des obligations en seconde année de licence, parce qu'il serait le mieux à même d'initier les étudiants à la « rigueur abstraite » du raisonnement juridique qui caractériserait le bon juriste[13]. Et une croyance demeure qui nous fait ressembler aux Allemands : l'apprentissage du droit nécessiterait de se plonger dans le plus possible de matières, même si les étudiants devenus praticiens ne les pratiqueront pas toutes, l'idée dominante étant qu'il en restera toujours quelque chose, que le bon juriste est celui qui sait manier les analogies, ce qui nécessite de connaître idéalement toutes les branches du droit, voire que cet apprentissage le plus large permet à la communauté des juristes d'exister[14].

Si l'on regarde hors du droit continental, les réflexions ne sont pas tout à fait de même nature. Les débats, nombreux et récurrents, ne portent pas sur la vertu de rigueur abstraite qui aurait partie liée avec cet espace géométrique et clos que constituerait le droit. L'impossibilité d'enseigner la totalité du système juridique y apparaît un fait acquis, et pour cette raison première que le droit n'y est pas perçu comme un système. La question centrale

13. J'emprunte cette expression, qui caractérise sa parfaite adhésion au « modèle doctrinal », à Ph. Comte : « Quel droit civil enseigner ? », *RTD civ.* 1998, p. 295 (qui ajoute que cette rigueur fait l'admiration des étudiants « anglo-saxons » quand ils suivent un enseignement de droit en France).

14. V. par exemple, S. Korioth, « Legal Education in Germany Today », 24 *Wis. Int'l L.J.* 85, 103-104 (2006-2007).

tiendrait plutôt à la détermination des matières qu'il faut enseigner pour former l'esprit d'un juriste. Autrement dit, quelles sont parmi les branches du droit celles qui sont les plus formatrices ?

Un tour d'horizon révèle que celles-ci n'ont à peu près pas varié depuis un siècle : droit constitutionnel, droit des biens, droit des contrats, droit de la responsabilité civile, droit criminel et procédure civile et criminelle y tiennent peu ou prou la place de choix. Ces cours forment l'armature de nombreux programmes d'enseignements en première année – cette année cruciale pour la formation des juristes dans le système nord-américain d'enseignement du droit (on se souvient du fameux *One L* de Scott Turow sans cesse réédité). Ce qui ne manque pas de susciter la critique dont la principale tient au caractère daté et politiquement connoté, de ces découpages : ceux-ci seraient à l'image de la société de la fin du XIXe siècle, mais ne correspondraient plus au droit tel qu'il a été remodelé au cours du XXe siècle qui impliquerait d'autres découpages, plus transversaux[15]. Des expériences ont été ou continuent à être menées ici ou là pour rompre avec cette architecture globale : de la création de l'école de droit de Warwick sous

15. Je n'entrerai pas ici dans le détail d'un passionnant débat. Il me semble néanmoins que cette critique perd une partie de son acuité dès l'instant que les matières évoquées sont enseignées moins pour leur contenu propre que pour la façon dont les questions y sont abordées. Le maniement adroit des concepts juridiques peut en effet porter sur n'importe quel objet. Celui portant sur des matières réputées classiques présente cet avantage de disposer d'une plus grande épaisseur historique et textuelle.

l'influence de Geoffrey Wilson qui entendait, durant les années 1970 et dans la mouvance du mouvement *Law & Society*, promouvoir un apprentissage du droit mis en contexte[16] – ce qu'ont aussi entendu privilégier quelques facultés de droit australiennes, telle the University of New Wales Law School fondée en 1971 ou Bond Law School créée en 1989 – aux curriculum mis en place à Irvine, CUNY ou Northeastern aux États-Unis où la pratique tient une place centrale. Néanmoins l'architecture générale du curriculum de première année demeure à peu près intacte, même si certaines des écoles de droit les plus élitistes s'essaient à réformer leurs cursus.

Il faut bien dire que modifier cette architecture de fond en comble constitue un travail considérable pour un profit difficile à évaluer. Lors des réunions ayant précédé la création de l'École de Droit, nous discutâmes longtemps sur la nature des matières juridiques les plus structurantes pour la formation d'un juriste, non en raison de leur substance, mais pour les types de raisonnement qu'elles mobilisent ou leur manière spécifique d'appréhender leur objet. L'interrogation centrale pouvant être résumée de la façon suivante : de quels enseignements tout étudiant a-t-il besoin pour se comporter en juriste quels que soient ses domaines ultérieurs d'activité ? Une interrogation qui entraîna des débats sur la question préalable de savoir ce que peut signifier

16. V. en particulier, pour un bilan de cette expérience, G. P. Wilson (ed), *Frontiers of Legal Scholarship – Twenty Five Years of Warwick Law School*, Wiley, 1995.

« se comporter en juriste », mais aussi sur la nécessité de retenir ou non certaines branches du droit, dont plus spécialement le droit du travail ou le droit fiscal dont l'apprentissage fut en définitive, mais peut-être à tort, classé hors la catégorie des enseignements réputés fondamentaux.

Et parmi les enseignements finalement retenus (le droit des obligations, la matière pénale, les groupements et leurs biens, etc.), il y eut encore un débat intense sur ce qui pouvait être le plus formateur à l'intérieur de chacun d'entre eux : à titre d'exemple, si l'on choisissait d'enseigner le droit des biens, il ne fallait retenir de cette branche du droit que l'étude des questions les plus nécessaires à la compréhension de la matière, ce qui exigeait d'élaguer au sein même du droit des biens au rebours d'un enseignement doctrinal qui tend à considérer que l'apprentissage de la totalité de cette branche du droit est la seule admissible puisqu'elle est la seule qui permette d'en élaborer la « théorie générale ». Autrement dit, il fut décidé de ne retenir du droit des biens (mais aussi du droit des obligations, de la matière pénale, etc.) que ce qu'on appellera par convention leurs « objets cruciaux ».

Bien plus, il fut longtemps imaginé de regrouper ces enseignements sous des rubriques plus vastes susceptibles de favoriser la transversalité des savoirs. Et cela afin de rompre avec l'enseignement traditionnel par branches du droit au profit d'un enseignement par objets, l'idée étant qu'un juriste ne raisonne jamais de manière spécifique sur le droit des obligations ou le droit des biens qui constituent des catégories académiques, mais mobilise à peu près toujours des savoirs relevant de plusieurs branches. Auraient été ainsi retenues les rubriques suivantes : État, Europe, Monde, Marché, Justice et raisonnements et outils.

L'idée fut néanmoins abandonnée pour diverses raisons : parce que ce découpage avait aussi sa part d'arbitraire, que certaines rubriques étaient particulièrement vastes (la catégorie « monde » pouvant par exemple recouvrir à peu près tous les enseignements) et qu'il y aurait eu des difficultés très concrètes à dispenser certains de ces cours. La manière dont la plupart des enseignants ont eux-mêmes été formés rendait en effet très difficile la possibilité d'enseigner seul la totalité d'une rubrique, ce qui aurait nécessité de multiplier les enseignements en commun pour bénéficier des savoirs de chacun. Un bouleversement des habitudes tel qu'il a paru, au moins dans un premier temps, à peu près insurmontable. En outre, de nombreux praticiens interrogés sur cette manière de procéder firent part de leur inquiétude de voir la nouvelle École rompre avec les canons universitaires propres à les rassurer. Pour le dire autrement, un employeur qui n'aurait pas vu que son futur collaborateur avait été formé au « droit des obligations » aurait pu penser qu'il n'avait pas été correctement formé au droit.

En définitive, il fut décidé de ne pas rompre avec certains découpages traditionnels, et de s'aligner peu ou prou sur les standards internationaux, tout en décidant de favoriser de manière progressive tout au long du cursus les enseignements portant sur des objets concrets – le cours sur le financement de l'entreprise en constituant un exemple parmi d'autres.

Le débat sur le choix entre un apprentissage par branches ou par objets ne fut cependant pas le seul. Déplorant la domination à peu près exclusive de la dogmatique juridique dans l'enseignement du droit, nous choisîmes de diversifier les enseignements en privilégiant trois catégories de cours dès la première année.

Il fut en premier lieu décidé d'axer une grande partie des enseignements autour de ce que j'ai appelé la « science du dedans »[17]. Je m'explique, quitte à synthétiser de manière trop schématique les développements contenus dans le premier chapitre auquel je ne peux que renvoyer : au fil du temps, les juristes français, plus précisément les membres de la doctrine, ont ramené l'étude du droit (ses concepts, ses modes de raisonnement, sa technique) à une dogmatique reposant sur l'exposition ordonnée et systématique de vérités juridiques. Or il est tout aussi possible d'étudier les modes internes de raisonnement en droit, ce qu'on peut précisément appeler la « science du dedans », sans partager cette croyance, sans laisser penser aux étudiants ni que le droit est intrinsèquement cohérent, ni que les liens logiques qui font la texture de ce qu'on appelle la technique juridique ne sont en soi porteurs de vérité. Plus précisément, ce que nous avions à l'esprit, c'est d'apprendre à ces étudiants à raisonner

17. V. *supra*, p. 44.

en juristes sur des « objets cruciaux » (dont je viens de parler), sans attendre de leurs enseignants ni qu'ils leur exposent une quelconque « théorie générale », ni qu'ils leur fassent la lumière sur la vérité.

Et pour accentuer ce trait, il fut décidé d'introduire, dès le début du cursus, un cours obligatoire d'épistémologie du droit (intitulé *complex legal tools* dans sa version anglaise peut-être plus expressive) : si les étudiants devaient être certes initiés à la « science du dedans », il ne leur fallait pas être dupes de la portée ni de la technique, ni des constructions juridiques. Aussi devaient-ils être immédiatement instruits de la généalogie des concepts, de l'absence de neutralité des modes de raisonnement, du caractère contingent des solutions, de la réversibilité des arguments, etc.[18]

Mais il fallait aller encore plus loin. Nous décidâmes en second lieu de placer en exact vis-à-vis des cours relevant de la « science du dedans » des cours appartenant à la « science du dehors » – que j'aurais pu dénommer « théoriques » si la plupart des juristes ne confondaient pas théorie et dogmatique, et si je ne voulais pas redonner ses lettres de noblesse théoriques à la science du dedans. C'est ainsi que les étudiants auraient à choisir, dès le premier semestre, au moins un enseignement portant (sans exhaustivité) sur le raisonnement juridique, l'analyse économique du droit, la comparaison des droits, les théories de l'interprétation, les rapports

18. V. sur l'importance d'un tel enseignement, Y.-M. Morissette, « L'impact des disciplines exogènes au droit sur le métier des praticiens », (2009) 43 *RJT* 455, 460.

entre droit et politique, ou encore sur l'histoire de la pensée juridique.

À dire vrai, ce choix ne constituait pas vraiment une nouveauté. Les facultés de droit belges insistent sur de tels enseignements et, sous l'influence de Michel Troper, philosophie et théorie générale du droit ont été rendues obligatoires et mises il y a déjà fort longtemps au programme de la première année de l'Université Paris X, en même temps qu'ils sont aujourd'hui offerts, mais au bénéfice de certains étudiants seulement, au sein du « Collège de droit » de l'Université Paris II.

On connaît les arguments avancés à l'encontre d'un tel choix : les étudiants ne seraient pas en mesure de comprendre les apports de la théorie/philosophie du droit avant d'avoir une solide connaissance du droit positif. On connaît aussi la réplique : intervenant en fin de cursus, cet enseignement intervient trop tard, une fois les cadres intellectuels des étudiants en droit d'ores et déjà fixés ; c'est au contraire tout au long de leur cursus, et donc dès le début, que ceux-ci doivent être mis au contact d'un discours théorique/philosophique qui leur permettra de se construire autrement en leur permettant de prendre de la distance, d'aiguiser en permanence leur sens critique par un approfondissement, une remise en cause des concepts, des présupposés, des catégories ou des modes de raisonnements communément admis par les juristes.

Un tel enseignement n'est certes pas facile à mettre en place. Il nécessite des qualités pédagogiques certaines – précisément parce qu'il intervient dès la première année. Il exige en outre des enseignants capables de franchir la frontière entre philosophie et droit, la trop fameuse dichotomie externe/interne, afin de pouvoir parler utilement à des juristes sans pour autant se réduire à une philosophie sans rigueur[19]. Néanmoins, les promoteurs du projet décidèrent de tenter l'expérience. Et surtout de ne pas la limiter à la seule théorie/philosophie du droit, mais de l'étendre à la sociologie du droit, l'analyse économique, l'histoire de la pensée juridique, etc.

Cette expérience ne devait cependant pas être la dernière : aux côtés des deux premières catégories de cours, il fut choisi de placer en troisième et dernier lieu des enseignements résolument pratiques. Il ne s'agissait pas encore d'envoyer les étudiants dans les cabinets, les entreprises ou les administrations, mais de solliciter des praticiens qu'ils viennent dans les murs de l'École de Droit étudier avec eux des cas concrets tirés de leurs dossiers et mûris de leur expérience. Autrement dit d'appliquer à proprement parler la méthode des cas telle qu'elle se pratique dans les écoles de commerce en matière de management, mais aussi quand il s'agit d'enseigner le droit.

Comme j'ai eu l'occasion de le dire, j'avais été frappé lors de mes entretiens préalables à la création de l'École de Droit à la fois par les remarques de recruteurs qui se félicitaient à peu près unanimement de la capacité des juristes formés au sein des

19. V. sur le recrutement des enseignants, *infra*, p. 250 *sq*.

principales écoles de commerce à savoir aborder les dossiers qui leur étaient soumis, et cela dès les premiers jours de leur exercice professionnel[20]. Dès la première année seraient proposés quelques cours optionnels orientés résolument vers la pratique et dispensés tout aussi résolument par des praticiens. L'enseignement consacré à l'analyse contractuelle, délivré parallèlement au cours de base de droit des contrats, en constitue peut-être le meilleur exemple. Les étudiants y consacrent un semestre à l'étude d'un contrat complexe qu'ils décortiquent sous tous les angles – à la fois techniques, rédactionnels et stratégiques – pendant qu'un enseignement de facture plus classique est réservé à l'étude du droit des contrats.

Cette initiation à l'analyse de cas offre plusieurs avantages. Elle permet aux étudiants d'acquérir les premiers linéaments d'un savoir-faire professionnel dès le début de leur formation. Elle leur permet aussi de combiner un apprentissage du droit relevant de plusieurs traditions, l'une plutôt universitaire, l'autre de facture nettement praticienne. Or ces traditions ne portent pas un regard identique sur le droit. Les modes de raisonnement, la nature des arguments invoqués ne sont pas les mêmes. Il s'agissait donc de réduire la distance entre l'École et le palais[21]. Il s'agissait aussi de commencer, dans une perspective réaliste, à modifier le regard que les étudiants porteraient sur le droit : s'ils devaient

20. V. *supra*, p. 129.

21. V. sur ce thème, Ch. Atias, *Devenir juriste – Le sens du droit*, LexisNexis, 2011, n° 88-89, pp. 55-56.

réfléchir théoriquement sur celui-ci, mieux valait qu'ils réfléchissent sur un droit en action plutôt que sur le seul droit tel qu'il est exposé dans les livres. Ce qui renvoyait une nouvelle fois au projet intellectuel de l'École : ne pas s'intéresser principalement au droit des professeurs de droit, mais au droit tel qu'il se fait.

Nous étions aussi conscients des risques engendrés par cette manière de procéder, et ces risques valaient d'ailleurs pour l'ensemble du cursus : en mettant les étudiants face à d'excellents praticiens, voire en recrutant des professionnels/enseignants qui gravitaient au plus haut dans les sphères du pouvoir, qu'il soit juridictionnel, administratif ou économique, ces étudiants allaient certes s'initier à leurs manières de raisonner, mais aussi peut-être reproduire les modes de pensée des classes dominantes – un reproche formulé de longue date à l'encontre de Sciences Po[22]. Nous en étions parfaitement conscients et décidâmes d'assumer nos propres contradictions. Après tout, nous avions nous-mêmes accepté de rejoindre Sciences Po – parfois après avoir passé plusieurs années dans des institutions de nature radicalement différente. Et puisque la plupart de nos étudiants avaient vocation à rejoindre les principaux lieux de pouvoir, il fallait bien qu'ils s'initient aux modes de fonctionnement de leurs membres. À nos yeux, l'essentiel tenait

22. V. plus spécialement, à propos de ce « lieu neutre » que constituerait Sciences Po, P. Bourdieu et L. Boltanski, *La reproduction de l'idéologie dominante*, éd. Demolopolis/Raison d'agir, 2008, spéc. pp. 115-135.

plutôt dans l'appareillage critique que nous serions en mesure de leur offrir pour qu'ils n'en soient pas dupes – pour qu'ils ne soient pas dupes de la série de « lieux communs » qui leur seraient peut-être dispensés. Notre objectif étant que nos étudiants soient initiés à la grammaire du pouvoir, mais pour en faire par la suite ce qu'ils souhaitent : la reproduire, l'éconduire, la subvertir, ou encore en construire de nouvelles formes. Autrement dit, préserver leur liberté d'engagement dans les mondes professionnels divers auxquels ils appartiendraient par la suite. Cet objectif a donc contribué à créer des cours théoriques de facture critique, à insister sur l'importance d'un discours autoréflexif au sein de quelques enseignements rendus obligatoires ou à favoriser les déplacements de nos étudiants hors des frontières françaises – et pas nécessairement dans les écoles de droit les mieux classées du seul monde occidental[23]. Ce qui a aussi orienté la nature de nos recrutements : nous ne cessons de faire très attention à ce que nos intervenants extérieurs ne proviennent pas des mêmes mondes ; quant à nos professeurs permanents, ils sont recrutés selon des critères pluralistes qui n'en font pas nécessairement les plus ardents reproducteurs des structures dominantes[24].

• Les méthodes d'enseignement

S'agissant des méthodes d'enseignement que nous allions privilégier, un conseil précieux nous fut donné par plusieurs collègues étrangers (dont

---

23. V. *infra*, p. 222 *sq*.
24. V. *infra*, p. 250 *sq*.

plusieurs Japonais) qui, forts de leur propre expérience, insistèrent auprès de nous sur le fait que, pour réussir à former un juriste en un court laps de temps, il fallait impérativement privilégier un enseignement interactif au sein de petits groupes. Nous allions donc rompre avec la distinction entre cours magistraux et travaux dirigés. Autrement dit avec une distinction inventée à la fin du XIXe siècle sur le continent européen pour introduire un peu plus de droit vivant au sein de l'enseignement, mais qui n'a pas vraiment atteint ses objectifs initiaux.

C'est un constat banal : le plus souvent étudiants en doctorat dont l'objectif est d'intégrer le monde universitaire, les chargés de travaux dirigés se bornent à relayer le cours magistral et apprennent avant tout aux étudiants à maîtriser les méthodes propres à satisfaire aux impératifs académiques. Pour le dire simplement, l'apprentissage du plan en deux parties ou la mise en ordre raisonnée du droit positif selon les canons de la dogmatique juridique sont nettement préférés aux débats sur des questions de droit. En empruntant à Yves Citton, peut-être peut-on préciser que la lecture l'emporte au cours des séances de travaux dirigés sur l'interprétation au sens où, « *contrairement à la lecture qui peut se contenter de reproduire spontanément les cadres préexistants en se bornant à les appliquer à des informations et à des situations nouvelles, l'interprétation relève d'un effort concerté conduisant à reconfigurer les cadres donnés en mettant à l'épreuve leur validité et en cherchant à les faire déboucher sur la production de nouveauté* »[25]. Pour être exact, l'interprétation n'est pas exclue du cursus universitaire, mais elle fait le plus souvent son entrée en scène après les quatre premières années d'apprentissage du droit quand les étudiants ont la chance (qui n'est pas offerte à tous) d'intégrer un master 2. Combien de fois ai-je entendu mes collègues des facultés de droit soutenir qu'avant quatre ans d'un solide apprentissage du droit il n'était pas possible aux étudiants de raisonner en juriste, ou encore de débattre utilement de questions de droit – autrement dit, que les inciter à remettre en cause les cadres donnés avant qu'ils n'aient obtenu leur master 1 n'avait pas de sens puisque, avant de songer à reconfigurer, il fallait commencer par configurer. Et combien de fois n'ai-je entendu d'anciens étudiants de ces mêmes facultés me dire qu'ils avaient dû attendre leur entrée en master 2 pour s'apercevoir que les cadres qui leur avaient été donnés pour acquis pouvaient être remis en cause – ce qui tout à la fois les déstabilisait profondément et leur procurait l'impression de pouvoir enfin penser (et le cas échéant d'avoir perdu quatre ans)[26].

25. Y. Citton, *L'avenir des humanités – Économie de la connaissance ou cultures de l'interprétation ?*, La découverte, 2010, pp. 45-46.
26. J'admets volontiers que la pression démographique ne rende pas les choses faciles : quand il n'existe aucune sélection des étudiants, dont certains ne sont guère motivés ni très portés sur l'étude, il est difficile de les initier d'emblée à une pensée critique. Néanmoins, l'exercice n'est pas impossible (en particulier lors des séances de travaux dirigés) et il n'est pas nécessaire d'attendre la cinquième année pour s'y employer. À dire vrai, lors de mes discussions avec différents collègues, l'argument du nombre est rarement

C'est avec cette conception de l'apprentissage du droit que nous entendions rompre. Et d'abord pour des motifs depuis longtemps mis en avant, mais qui n'ont rien perdu de leur actualité : à savoir que cette méthode d'enseignement encourage les étudiants à la passivité et ne développe ni leur esprit critique ni leurs facultés d'invention. Une méthode qui, en outre, ne favorise guère la réelle maîtrise des thèmes abordés par l'enseignant parce que les étudiants absorbent un savoir qui leur est en quelque sorte extérieur, un savoir qu'ils s'approprient difficilement du fait même qu'il leur est simplement « transmis » – au sens où l'on transmet des connaissances, autrement dit un savoir acquis. Or attendre quatre années pour commencer à penser que la parole des étudiants peut avoir un soupçon de légitimité, pour estimer qu'ils peuvent enfin questionner le droit, c'est attendre quatre années de trop. Au moment où ils seront autorisés à s'exprimer, ces derniers auront déjà été « formés » au sens propre du terme, et il sera trop tard pour commencer à faire machine arrière. Les réponses qui leur ont été fournies tout au long de leur cursus leur interdiront de poser des questions – ou s'ils les posent, ils les poseront essentiellement avec les instruments de la dogmatique érigée en seul discours juridique légitime. Les propos des étudiants seront donc au mieux « prévisibles » – ce qui va à l'encontre de toute pensée vraiment originale dont le propre est de faire intervenir des considérations qui n'avaient pas été

---

mis au premier plan, l'idée étant admise que l'apprentissage des concepts juridiques doit nécessairement précéder leur discussion.

envisagées précédemment. La seule originalité qui leur sera réservée sera celle que leur offre le cadre étroit de la dogmatique – étroit parce que son objet même est de créer des contraintes argumentatives.

La critique de cette conception de l'apprentissage du droit, mais aussi la critique de la domination sans partage du modèle doctrinal qui la favorise, nous amenait à porter notre regard vers son contraire, en l'occurrence l'apprentissage interactif, que certains confondent parfois avec l'enseignement « socratique », notre idée étant de ne plus transmettre des connaissances à des étudiants inactifs, mais de les guider vers la résolution des questions posées à travers un échange constant[27].

C'est cette méthode que privilégient les facultés de droit nord-américaines depuis qu'elles ont recueilli l'héritage de Langdell. On en connaît les avantages qui permettent de distinguer leurs étudiants de leurs homologues français : alors que les premiers ne cessent d'argumenter et ne paraissent souvent limités par aucune barrière intellectuelle, les seconds sont beaucoup plus passifs et timorés dans leurs analyses. Ce qui a sa contrepartie : alors que les premiers savent débattre, mais de manière souvent désordonnée et en se prévalant d'arguments d'intérêt de portée fort variables, les seconds savent ordonner, voire procéder à d'excellentes synthèses, mais sans vraiment argumenter.

---

27. V. sur l'opposition entre ces deux conceptions de l'enseignement, M. C. Nussbaum, *For Not Profit – Why Democracy Needs Humanities*, Princeton UP, 2010, spéc. pp. 47-77.

Néanmoins, la méthode socratique a aussi quelques solides défauts. Il en est d'abord un qui est principalement américain : les débats qu'elle engendre portent avant tout sur les décisions des juridictions supérieures (*appellate courts*). On peut comprendre la raison de cette exclusivité. Certains en prennent la défense en relevant que le discours des juges est réputé le seul à être proprement désintéressé et objectif, au sens où il n'est pas censé servir des intérêts particuliers[28]. Ce qui le rend digne du plus grand intérêt – tout en le plaçant à l'exact opposé d'une tradition française qui place l'objectivité dans le seul discours doctrinal (ce qui peut expliquer que le droit s'y apprenne dans les traités). En outre, dans la lignée du réalisme de Holmes, il est acquis que si le droit consiste à prévoir ce que font concrètement les juges, il faut bien comprendre leur manière de raisonner. Ce qui permettra aux futurs juristes d'anticiper les décisions judiciaires et donc de conseiller au mieux leurs clients – hors même un contexte contentieux.

Pour autant, il est reproché à cette exclusivité de ne pas tenir suffisamment compte de la part prise par le *statute law* ou par d'autres acteurs que les juges dans la formation du droit américain contemporain. Paradoxe apparent, il lui est aussi reproché son défaut de réalisme : les décisions des juridictions supérieures portent certes sur les questions les plus controversées, les fameux *hard cases*, mais celles-ci ne représentent qu'une infime minorité des questions

28. V. en ce sens, A. T. Kronman, *The Lost Lawyer – Failing Ideals of the Legal Profession*, précité, pp. 118-120.

posées aux juristes et des questions qui, pour des motifs procéduraux, sont traitées sous un angle très particulier. Pour le dire autrement, la *case method* ne tient pas suffisamment compte des cas concrets traités quotidiennement par les juristes. Tout comme en France l'analyse des principaux arrêts ne suffit pas à soi seul à se faire une idée exacte du droit vivant, du droit tel qu'il est abordé au jour le jour par les praticiens. Il s'agit donc d'un reproche que l'on pourrait aussi adresser à l'enseignement français : moins socratique, il porte néanmoins de manière quasi-exclusive sur les décisions des juridictions suprêmes qui n'ont pas beaucoup à voir avec la réalité du contentieux. Autre reproche qu'on peut enfin adresser à un enseignement qui porte exclusivement son attention sur les décisions des juges : son dogmatisme, à vrai dire équivalent au dogmatisme français, à cette réserve près que le lieu d'édiction de la vérité en droit ne réside pas aux États-Unis dans les productions des professeurs de droit, mais dans les décisions des juridictions supérieures (le culte voué à la Cour suprême constituant l'un des traits les plus marquants de ce dogmatisme).

Néanmoins, il y a plus que cela à reprocher à la méthode socratique : pour le dire brutalement, celle-ci pourrait être « *une forme perfectionnée de l'abrutissement* »[29]. Contrairement à l'idée avancée selon laquelle cette méthode aurait un caractère démocratique (au rebours d'un enseignement purement

29. J. Rancière, *Le maître ignorant – Cinq leçons sur l'émancipation intellectuelle*, Fayard (1987), coll. 10/18, éd. 2004, p. 52.

passif), elle pourrait bien être étrangère à un quelconque esprit d'émancipation : l'élève est guidé par le maître vers une vérité censée être en lui ; ce maître tient la main de l'élève et se comporte en définitive à la manière d'un maître de manège. Ce qui gêne dans la méthode socratique, c'est ce savoir préconstitué vers lequel le maître est censé mener l'élève. Un savoir qui ne favorise pas une pensée libre et novatrice. Que le maître enseigne la dogmatique juridique devant un auditoire passif ou qu'il amène cet auditoire à penser par lui-même selon les canons de la dogmatique, cela revient au même : c'est toujours la dogmatique qui est au bout du chemin. Aussi le maître doit-il se faire un peu ignorant pour émanciper son élève et se laisser lui-même surprendre par la fécondité de certaines voies nouvelles. Il y a bien des idées neuves qui ont commencé par de prétendues discussions de salon, voire des propos de café du commerce. Et tout juriste sait d'expérience que de nombreuses décisions font appel à des arguments de ce genre.

Nous allions donc tenter de privilégier une méthode interactive en nous efforçant de ressembler un peu au « *maître ignorant* » de Jacques Rancière. Autrement dit, ne pas guider nos étudiants vers une vérité dont nous serions les détenteurs, mais tâtonner avec eux, partager une ignorance commune, user en quelque sorte de la même canne blanche pour tenter de repérer et de décrire ensemble des problèmes[30]. Ce qui allait avoir

30. Je dois la métaphore de la canne blanche à Bruno Latour et à ses éclairantes réflexions pédagogiques à partir des travaux

plusieurs conséquences très concrètes, mais d'une importance majeure et dont nous savions qu'elles ne seraient pas nécessairement faciles à mettre en œuvre[31].

Privilégier cette méthode interactive nous contraignait d'abord à inciter fortement les étudiants à préparer les séances avant d'y assister, ce qui allait exiger d'eux qu'ils procèdent à d'importantes lectures préalables. Une manière de rompre avec la tradition française où l'étudiant qui assiste à un cours magistral est à peu près vierge de son contenu. Il nous fallait ensuite supprimer les contrôles continus, ou en limiter drastiquement le nombre, au profit des examens terminaux. Imaginez un étudiant qui suit six ou sept enseignements hebdomadaires durant un semestre ; si chacun des enseignants exige de lui trois notes au titre du contrôle continu, il devra rendre entre 18 et 21 devoirs (ou préparer autant d'exposés, etc.) durant

---

de Dewey que je ne peux m'empêcher ici de citer : « *Si, au lieu de bénéficier d'une action toute faite, on apprend à l'accomplir, on apprend nécessairement à en varier les éléments, à varier leur combinaison, en fonction de l'évolution des circonstances. On a ainsi la possibilité de réaliser des progrès constants du fait que, en apprenant à accomplir une action, on acquiert des méthodes qui seront utiles dans d'autres situations* » (in *Démocratie et Éducation*, Armand Colin, 1916, éd. 2011, p. 125).

31. Le passage d'une méthode socratique à une méthode interactive ne réglait pas tous les problèmes qui tiennent au fait que, tout comme la méthode socratique, la méthode interactive est susceptible, selon la manière dont elle est pratiquée, de créer des hiérarchies dans la classe, ce qui défavorise par exemple les femmes en ce qu'elles sont moins habitués que les hommes à prendre spontanément la parole. V. sur ce dernier point, J. Morgan, « The Socratic Method : Silencing Cooperation », 1 *Legal Educ. Rev.* 151 (1989), et les références citées.

ce même semestre. Le résultat est à peu près immanquable : cet étudiant passera son temps à préparer ses devoirs au détriment de ses lectures ; chaque semaine il privilégiera la seule matière où il doit préparer un exercice spécifique. Enfin, cette même méthode interactive nous contraignait à limiter le nombre d'heures d'enseignement chaque semaine. Ce qui allait à nouveau fortement au rebours d'une conviction bien française : de manière traditionnelle, c'est au nombre d'heures de cours que l'on évalue le sérieux et la qualité d'une formation. Souvenons-nous du fameux 1 000 = 2 000[32].

Or cette tradition est profondément ancrée dans les esprits des étudiants : c'est en effet tout notre système scolaire qui s'articule autour d'un contrôle permanent des connaissances. C'est ce système qui permet de sélectionner les élèves, des premières années de collège à la classe terminale[33]. Et les étudiants de Sciences Po y sont plus habitués que d'autres, puisqu'ils sont réputés constituer le modèle même des bons élèves. Mais c'est aussi un système fortement anxiogène pour les étudiants qui prennent en outre l'habitude de restituer des connaissances plutôt que de mettre en avant leurs propres idées.

Si nous voulions rompre avec cette logique de la sélection permanente et tenter de mettre l'imagination au pouvoir, mais aussi placer le plaisir et d'apprendre et de réfléchir au cœur de notre pédagogie,

32. V. *supra*, p. 12, en note.
33. V. pour une critique du système scolaire français, P. Gumbel, *On achève bien les écoliers*, Grasset, 2010.

nous devions agir sur plusieurs registres : la promotion d'une méthode interactive exigerait de favoriser le travail personnel des étudiants, qui supposerait à son tour de procéder à une diminution du nombre d'heures d'enseignement et à une réduction importante du contrôle continu au profit d'un examen terminal, voire à réfléchir à l'abolition des notes[34].

• Les langues d'enseignement

La question qui se posa immédiatement fut celle de la langue ou des langues d'enseignement. Devait-on se limiter au français ou favoriser aussi l'apprentissage du droit en anglais ? Après tout, nous aurions pu céder à une certaine facilité et inciter nos étudiants à suivre des formations dans les pays de tradition anglo-américaine une fois obtenu leur diplôme de Sciences Po s'ils voulaient s'initier à la pratique de l'anglais. Nous aurions ainsi suivi un mouvement général dans l'hexagone que favorisent d'ailleurs la plupart des principaux cabinets

34. À l'instar de ce qui existe dans certaines universités, on peut imaginer supprimer les notes au profit d'un système qui distingue simplement la réussite de l'échec à l'examen, tout en donnant les « honneurs » aux meilleures copies. La distinction binaire (réussite/échec) n'est cependant guère prisée des employeurs dont le souhait majeur est de pouvoir sélectionner leurs futurs employés (d'où le succès de toute politique dite « d'excellence »). Quant au fait de distinguer les meilleures copies, elle peut avoir des effets tout aussi anxiogènes sur les étudiants, même s'il est possible d'atténuer ces effets en ne réservant pas les « honneurs » à un nombre prédéfini de copies (ex. des 10 % des meilleures). En raison des multiples questions qu'elle engendre, la suppression des notes mérite donc une réflexion approfondie qui est aujourd'hui en cours au sein de l'École de Droit.

d'avocats de la place de Paris qui, depuis plusieurs décennies, exigent de leurs futurs collaborateurs qu'ils soient titulaires d'un *LL. M.* en sus de leurs diplômes français. Non pour en faire des praticiens de *common law*, mais pour vérifier leurs capacités linguistiques et s'assurer qu'ils seront au moins capables de comprendre le mode de pensée des juristes anglo-américains.

Ce n'est pas ce choix auquel nous avons procédé. Non seulement parce que tous les étudiants n'auront pas la possibilité de suivre une année d'études supplémentaire dans une université anglaise et plus souvent nord-américaine, mais surtout parce que nous étions convaincus qu'offrir très tôt certains enseignements en anglais serait un moyen d'ouvrir l'esprit de nos étudiants.

Notre idée était toujours la même : refuser de transformer ces étudiants en théologiens de leur propre système juridique qui auraient ensuite, autrement dit trop tard, bien du mal à se familiariser avec d'autres modes de pensée. Nous voulions immédiatement les confronter à ces autres modes de pensée, plus précisément encore tenter de surmonter la très classique opposition entre des visions du droit dominées soit par un universalisme totalisant, soit par un différencialisme radical, au profit de diverses façons de concevoir la possibilité de rencontres entre traditions juridiques, rencontres qui vont de l'incompréhension au métissage en passant par le conflit ou la cannibalisation. Même si nous ne baignons pas, à l'égal du Québec, dans un système bi-juridique, il n'est plus possible aujourd'hui de soutenir (et il le sera encore moins dans l'avenir) que nous vivons dans une tradition juridique essentiellement nationale dont il faut au surplus préserver l'autonomie ou la pureté – le Code civil et son esprit rationaliste contre le monde entier. Notre tradition est aujourd'hui le réceptacle de multiples influences. Qui plus est, le passage d'une tradition à une autre est devenu plus fréquent : le juriste qui traite de questions financières ne peut ignorer le droit anglais ou celui de l'État de New York qui régit la plupart des grandes opérations financières dans le monde. Et cela même s'il ne baigne pas quotidiennement dans un droit globalisé.

L'introduction d'enseignements en anglais aurait donc immédiatement une implication sur leur contenu et servirait notre objectif d'ouverture d'esprit. Enseigner le droit communautaire en anglais allait ainsi exercer une influence sur les sources documentaires utilisées et du choix de ces sources allait dépendre la façon de l'aborder : les ouvrages anglais sur le droit communautaire baignent dans une culture de *common law* qui modifie le regard que les étudiants peuvent porter sur cette branche du droit. Pour me faire comprendre, je donnerai ici un exemple, même s'il ne concerne pas un enseignement de première année. Je me souviens d'une étudiante américaine en échange qui avait refusé de s'inscrire au cours sur le droit de l'OMC, car elle avait déjà étudié la matière aux États-Unis. Je l'avais néanmoins convaincu de l'intérêt qu'elle pourrait avoir à le suivre et elle était revenue me voir à la fin du semestre pour me dire que le droit de l'OMC n'avait pas du tout le même aspect des deux côtés de l'Atlantique, au point qu'elle se demandait s'il s'agissait du même droit.

Ce que j'écris semblera banal à de nombreux lecteurs, à savoir qu'en droit aussi l'objet observé dépend largement de l'observateur et que nous pouvons faire cette expérience à l'intérieur même du territoire national : selon qu'il sera enseigné par tel ou tel professeur, dans tel ou tel établissement, le droit des obligations ne sera pas tout à fait identique. Pour autant, cet enseignement reposera sur de solides présupposés communs qui tiennent en particulier à la toute puissance du modèle doctrinal dont j'ai déjà longuement parlé[35]. Un modèle constitutif d'une tradition qui « *nous fait admettre que le droit pourrait être dit dans la généralité, dans l'abstraction* »[36]. En changeant de langue d'enseignement, c'est avec ces présupposés que nous rompions.

Mais nous avons décidé d'aller plus loin. Si l'enseignement du droit communautaire peut aisément se concevoir en anglais, il n'en va plus de même du droit des obligations. Nous n'avions pas à l'esprit de créer un cours de droit français des obligations dispensé en anglais – un cours dont nous savons qu'il est difficile à créer tant la traduction des concepts du droit français suscite le débat. Nous avons plutôt voulu profiter de la création de ces cours pour introduire des enseignements « transsystémiques » (ou « intégrés » ou « polyjuridiques ») à l'image de ce qui a été imaginé à l'Université McGill il y a

35. V. *supra*, p. 42 *sq*.
36. Ch. Atias, *op. cit.*, n° 95, p. 58.

maintenant plus d'une quinzaine d'années[37]. En partant de l'idée que ces enseignements, originairement créés dans le contexte spécifique du bijuridisme canadien, auraient avantage à être étendus hors de lui, en raison du mélange croissant des droits tenant au minimum au contexte européen. En outre, ces enseignements correspondaient à notre projet pédagogique d'ensemble : intégrer dans un seul cours plusieurs traditions juridiques rend impossible un apprentissage séquentiel des normes (en l'occurrence celles du droit civil puis celle du *common law*) ; elle exige de l'enseignant qu'il étudie le droit sous forme de questions et donc qu'il rompe avec une certaine conception de la vérité en droit, avec le dogme de la solution unique, puisqu'il doit analyser la pluralité des réponses possibles selon les traditions. Ce qui nécessite d'insister sur les cheminements intellectuels qui ont amené l'une ou l'autre des traditions à privilégier telle ou telle solution plutôt que sur les solutions elles-mêmes. Une nouvelle fois, nous pouvions insister sur les méthodes de raisonnement des juristes, leurs manières diverses de traiter les questions et même de les concevoir ou de les ignorer. En un mot, les questions et non plus les règles allaient pouvoir devenir la base de l'enseignement[38].

37. V. de manière plus spécifique sur l'enseignement du droit des contrats, R. Jukier, « Where Law and Pedagogy Meet in the Transsystemic Contracts Classroom », (2005) 50 *McGill L. J.* 789.
38. V. sur ce thème, V. Forray, « Sur une analyse américaine du programme transsytémique de McGill », *Jurisprudence – Revue critique* 2010, spéc. p. 271. – Comp. P. Ancel, « Dénationaliser l'enseignement du droit civil ? », *RTD civ.* 2011, p. 711 *sq.*

Évidemment, cette orientation exigeait des enseignants capables de circuler d'une tradition juridique à une autre, mais aussi d'enseigner en anglais de manière interactive. Une double qualité que ne favorise guère le système de recrutement des professeurs de droit en France. Heureusement, ces enseignants existent, mais ils sont une donnée rare et précieuse – surtout lorsque l'on s'éloigne des traditions de droit civil et de *common law.* Nous avons eu la chance d'en trouver quelques-uns en usant de nos réseaux à l'étranger, mais surtout en recourant massivement à des invitations de professeurs étrangers en provenance de tous les continents, parfois sur plusieurs mois. Grâce à eux, nous avons pu créer des enseignements fondamentaux dans les deux langues, ce qui a permis à nos étudiants de procéder à de savants dosages entre les cours dispensés en français ou en anglais – les cours en anglais étant massivement choisis par les étudiants étrangers en échange et ceux qui souhaitent suivre en seconde année une formation juridique plus axée sur la globalisation que sur le droit interne[39].

Deuxième année : la césure

Ce sont les membres de la commission chargée d'expertiser le projet pédagogique de la future École qui s'exprimèrent les premiers sur la nécessité de créer cette année de césure – fût-elle simplement facultative. Limiter la période de stage obligatoire à trois mois à la fin du cursus ne leur paraissait pas

39. V. *infra*, p. 231 *sq*.

suffisant. Et puis certains d'entre eux étaient inquiets de la brièveté du cursus par rapport au modèle français dont ils étaient pour la plupart issus. Aussi la commission débattit de l'opportunité de créer une troisième année de formation. Cette création s'avéra néanmoins impossible d'un point de vue institutionnel : nous ne pouvions imposer une troisième année de master alors que nos étudiants sont diplômés à l'issue de leur seconde année et n'ont souvent qu'une envie, quitter l'institution pour aller vivre ailleurs d'autres expériences, pédagogiques ou professionnelles. L'insertion d'une année de pratique professionnelle entre les deux années de formation dispensées au sein de l'École de Droit constituait le moyen de contourner cet obstacle institutionnel, en même temps qu'elle offrait aux étudiants à la fois le temps d'assimiler et le moyen de commencer à mettre en œuvre concrètement ce qu'ils avaient appris durant une première année particulièrement intense.

L'idée fut adoptée alors même qu'elle ne s'insère pas vraiment dans le modèle français de formation. Ainsi que nous l'avons vu, celui-ci privilégie un long apprentissage universitaire (trois ou quatre années au moins) suivi d'une période de formation professionnelle[40]. L'ENM prévoit de longues périodes de stages ; le notariat offre une formation professionnelle à temps partiel alors même que les étudiants sont immergés dans la pratique ; quant aux centres régionaux de formation professionnelle des avocats, ils prévoient différents types de stages.

---

40. V. *supra*, p. 76 *sq*.

Insérer une année de césure consacrée entièrement à la réalisation d'une ou plusieurs expériences pratiques engendrait ainsi un double risque. D'une part, les étudiants pouvaient ne pas adhérer au projet en constatant que les stages étaient renvoyés à une période plus avancée de leur formation professionnelle et qu'il n'était pas nécessaire de faire doublon. D'autre part, les maîtres de stage pouvaient ne pas les recruter, car ils étaient en concurrence avec des étudiants plus chevronnés et donc plus aptes à répondre à leurs attentes.

Ce risque ne s'est pas réalisé. Nos étudiants ont adhéré massivement à cette année de césure : deux ans après la création de l'École, déjà plus de 30 % d'entre eux souhaitent l'effectuer. Et lorsqu'ils en reviennent pour entreprendre leur seconde année, ils font le plus souvent part de leur enthousiasme pour l'expérience qu'ils ont vécue. Celle-ci, précisent-ils, leur a permis de se confronter à la réalité du droit, à la manière dont il se pratique quotidiennement. Plus précisément, elle semble combler le fossé, souvent dénoncé, entre le droit tel qu'il apparaît dans les livres et les salles de classe et tel qu'il est mis en œuvre, entre le droit des manuels et le droit en action. Ce qui transforme radicalement leur vision du droit et leurs attentes à l'égard des enseignants.

Cette appréciation des étudiants nous a donc conforté dans l'idée que les stages n'étaient pas faits pour couronner une formation préalable, mais qu'ils devaient intervenir au cours de cette formation. En d'autres termes, qu'il ne devait pas y avoir de coupure chronologique entre formation théorique et formation pratique, mais que ces deux formations se répondaient l'une l'autre et devaient donc ne pas se succéder, plutôt se mêler étroitement – pour permettre en quelque sorte une fertilisation croisée des savoirs. L'idée étant une nouvelle fois que le bon praticien n'est pas nécessairement celui qui a reçu une formation théorique préalable, comme le présuppose notre modèle de formation, mais une personne ayant su combiner ces deux types de formation dès le début de l'apprentissage du droit[41]. Ce qui constitue une manière de renouer le fil avec les idées de Jerome Frank[42].

Si le risque évoqué un peu plus haut ne s'est pas réalisé (l'absence de stages proposés à nos étudiants), c'est aussi parce que la plupart des maîtres de stage ont adhéré à ce projet. Ce ne fut pas immédiat, car le monde des praticiens se divise au moins en deux catégories. D'un côté, il y a ceux – le plus souvent les plus jeunes, généralement issus des facultés de droit – qui pensent qu'un étudiant en cours de formation ne peut pas tirer grand profit d'un stage : ce dernier ne connaît pas assez de droit, il ne percevra pas ce qui est attendu de lui et le risque est grand qu'il soit confiné aux photocopies. De l'autre, il y a ceux qui ne sont pas fondamentalement attachés au contenu de l'enseignement juridique préalablement reçu par leur futur stagiaire dès l'instant qu'il en

41. V. pour une réflexion approfondie sur les rythmes d'apprentissage, S. Kift, « Lawyering Skills : Finding their Place in Legal Education », 8 *Legal Educ. Rev.* 43 (1997).
42. V. *supra*, p. 111 *sq*.

maîtrise les fondamentaux, le plus souvent résumés au droit des obligations. Ce qu'ils souhaitent, ce sont des étudiants capables d'écrire convenablement, d'avoir une réelle capacité d'analyse et de synthèse, de parler un anglais courant et d'être en mesure de travailler en équipe, ce qui présuppose une aptitude à s'ouvrir aux autres. Certains d'entre eux vont même plus loin : sélectionnez ces étudiants selon des critères pertinents, nous disent-ils, et pour le reste nous nous en chargeons – pour le reste, c'est-à-dire la formation juridique. Ce qui renvoie à ce débat – qui fut longtemps de mise dans les traditions anglaises et nord-américaines : le droit relevant plus de l'expérience que de la raison, il suffit que l'étudiant ait reçu une formation générale convenable pour que la pratique lui permette ensuite de devenir un excellent juriste. La pratique, c'est-à-dire le traitement d'une multitude de dossiers sous l'étroit contrôle d'un maître de stage qui leur permettra d'en aborder tous les aspects : de la réception du client à la rédaction d'une opinion juridique en passant par la recherche documentaire.

Le risque évoqué avait alors changé de nature : il ne tenait plus à la réticence des étudiants ou à celle des praticiens, mais à la capacité de trouver des maîtres de stages, convaincus des bienfaits du *learning by doing*, qui prennent le temps de former leurs stagiaires. Car les stages présentent certes des avantages, mais aussi de solides inconvénients qui ont été mis en avant depuis longtemps[43]. Il ne faut pas se

43. V. pour un bilan récent d'un cycle de plusieurs conférences qui ont eu lieu aux États-Unis sur les *externships*, mais dont les

faire d'illusion : l'économie des cabinets d'avocats, voire des entreprises, repose en grande partie sur le recours massif à des stagiaires et il existe assez peu de maîtres de stages qui mettent au cœur de leurs préoccupations la pédagogie. Il existe donc un risque important : celui de voir le service des stages se transformer en un simple service de placement des étudiants. Pour que ces stages aient une quelconque portée pédagogique, il est en particulier nécessaire d'articuler le projet de l'établissement de formation avec ce que l'étudiant sera amené à faire au cours de son stage. Les deux partenaires doivent fixer au préalable et d'un commun accord ses objectifs pédagogiques. Or ceux-ci varient en fonction du niveau de formation de l'étudiant : on ne peut exiger le même travail d'un étudiant en cours de formation et d'un étudiant qui effectue son stage de fin d'études ; c'est du second seulement que peut être exigé un comportement quasi-professionnel. La fin du stage doit en outre donner lieu à un compte-rendu précis de la part du maître de stage qui doit essayer d'apprécier les résultats atteints par rapport aux objectifs fixés. Ceux-ci pouvant d'ailleurs être très variés : de l'expertise juridique et/ou stratégique d'un dossier à la maîtrise des aspects non-juridiques de la relation qui existe avec un client, l'une et l'autre variant selon le contexte professionnel dans lequel évolue le stagiaire – par exemple, ce qu'attend des juristes une petite entreprise n'est pas identique à ce que peut en attendre

conclusions valent assez largement pour la France, H. N. Katz and A. Scherr, « Toward a New World of Externships : Introduction to Papers from Externship 4 and 5 », 17 *Cinical L. Rev.* 1 (2010).

une grande administration[44]. La réussite d'un stage dépend donc largement du degré d'implication du maître de stage et de la qualité de la relation qu'il aura su nouer avec l'établissement de formation.

Néanmoins l'année de césure ne s'est pas limitée à un apprentissage professionnel, fût-il considéré comme étant un moyen de renouer avec le fil du réalisme juridique – en combinant *law school* et *lawyer-school*. Nous avons rapidement divisé cette année en deux parties égales pour permettre aux étudiants d'ajouter à une première expérience de la pratique celle d'un séjour à l'étranger. Une nouvelle fois pour modifier leur vision du droit, car plusieurs mois passés dans une université étrangère sont susceptibles de produire un effet de décalage ou d'étrangeté à l'égard de la tradition juridique dans laquelle ces étudiants ont été initialement formés. Et ce décalage sera d'autant plus important que les étudiants seront envoyés dans des pays qui n'appartiennent ni à la tradition de droit civil ni à celle de *common law*.

À cet égard, je voudrais ici dissiper un malentendu résultant d'une croyance partagée par la plupart des juristes français. Ceux-ci sont en effet convaincus que notre vaste planète se partage en deux traditions seulement, et deux traditions qui se livrent une lutte incessante pour accroître leurs

44. V. de manière générale, sur ce qu'un client peut attendre d'un juriste, P. Lewis, « Aspects of Professionnalism – Constructing the Lawyer-Client Relationship », *in* S. L. Cummings (ed), *The Paradox of Professionalism – Lawyers and the Possibility of Justice*, Cambridge UP, 2011, p. 169 *sq*.

sphères d'influence. D'un côté, la tradition civiliste ou « de droit continental » (selon la fondation du même nom qui prétend en assurer la promotion) ; de l'autre, la tradition de *common law*. Envoyer les étudiants dans des pays qui n'appartiennent à aucune de ces deux traditions peut dès lors apparaître comme un non-sens. À moins de ne pas partager ce regard binaire sur le monde. Or tel est le cas de la quasi-totalité de ceux ayant participé à la création de l'École ; ils défendent plutôt cette idée que de nombreuses traditions n'appartiennent ni à l'une ni à l'autre et qu'elles les réinterprètent chacune à leur manière dès l'instant qu'elles y sont confrontées, voire qu'elles exercent une influence en retour sur chacune de ces deux traditions qui, elles-mêmes, ne s'opposent pas de manière radicale. Bien plus, nombre d'entre eux soutiennent que la mondialisation ne se résume pas au devenir du droit occidental et à la manière dont il peut être reçu, mais qu'émergent des rationalités juridiques singulières qu'il faut chercher à articuler autour d'objets communs. Pour le dire brièvement, il n'est pas certain qu'un juriste japonais qui emploie le mot de « propriété » y voit la même chose qu'un juriste occidental et que le fait pour ce dernier de croire que le mot recouvre nécessairement la chose consiste à se bercer d'une illusion trompeuse. De même, il est possible qu'un juriste français qui conclut un contrat avec un juriste chinois se berce de la même illusion s'il pense que l'inclusion du droit chinois dans la tradition civiliste lui permet toujours de comprendre la façon qu'a son interlocuteur d'appréhender ce contrat.

Nous souhaitions donc profiter de cette année de césure pour décentrer un peu plus nos étudiants en essayant de les envoyer dans des universités qui n'appartiennent pas, ou pas au centre, de la sphère du droit occidental. Ce qui ne devait pas nous empêcher de les envoyer aussi dans des pays de *common law* – et d'abord pour cette raison que celui-ci l'emporte aujourd'hui dans certains domaines, mais aussi parce que les modes de raisonnement qu'il privilégie peuvent être fort utiles à la formation d'un juriste de tradition civiliste.

Notre stratégie fut donc double : accroître nos échanges avec des universités relevant de la tradition anglo-américaine, lier des liens avec des partenaires du continent européen, mais aussi développer des accords avec des universités échappant partiellement à l'emprise du droit occidental. Et quand il n'a pas été possible de procéder à des échanges d'étudiants, nous avons choisi d'inviter des universitaires issus de ces traditions en essayant de nouer avec eux des relations de longue durée, pour faire en sorte qu'ils puissent nous rejoindre à la fois chaque année et sur plusieurs semaines, ce système étant le seul permettant d'ajouter aux liens de nature pédagogique d'éventuels programmes scientifiques.

La mise en œuvre de cette stratégie fut facilitée par la conjoncture, tant la plupart des grandes facultés de droit sur tous les continents réforment à grande vitesse leurs programmes en vue de former des juristes aptes à travailler dans un monde en voie de globalisation. Et cette stratégie a produit rapidement des effets pédagogiques passionnants sur la totalité du cursus.

Ayant choisi d'envoyer un nombre important de nos étudiants à l'étranger durant leur année de césure, nous recevons en contrepartie un nombre équivalent d'étudiants étrangers qui viennent passer chez nous un semestre, voire une année. Or, par exemple, l'introduction dans nos salles de cours d'étudiants nord-américains n'hésitant jamais à débattre, culturellement moins inhibés que leurs homologues français ou européens, a produit des effets tout à fait bénéfiques sur le comportement de ces derniers dont la parole s'est libérée. De même, les réunions d'évaluation pédagogique que nous tenons de façon régulière avec les représentants que les étudiants élisent dans chacun de leurs cours sont devenues des forums multinationaux et multilingues. Telle étudiante suédoise ou coréenne, élue par ses pairs, peut être amenée à formuler des remarques sur la pédagogie qui peuvent déconcerter un enseignant français, que ce soit sur son comportement à l'égard des étudiants ou sur sa manière d'aborder telle question juridique. Inversement, le fait de confier des enseignements à des collègues étrangers a pu profondément déstabiliser une fraction des étudiants. Les cours de droit du développement ou du commerce international dispensés par des collègues brésiliens ou indiens ont parfois constitué un véritable choc pour des étudiants (européens ou nord-américains) confrontés à une manière très différente d'aborder certaines questions, au point parfois d'engendrer des mouvements de contestation, tant le décalage culturel ou idéologique était marqué.

Progressivement, l'année de césure a donc pris un nouveau visage. Les étudiants ont pu y combiner un stage de longue durée à un semestre passé au sein d'une université étrangère. À l'issue de leurs deux premières années de formation, ils ont ainsi l'opportunité de multiplier les expériences : apprendre les fondamentaux du droit selon une méthode et des contenus spécifiques, s'initier à la pratique, être exposés à une autre tradition juridique. Ils commencent dès lors leur dernière année de formation avec des attentes très différentes de celles qu'ils pouvaient avoir au moment de leur entrée dans l'École : un étudiant confronté à la pratique quotidienne du droit – quelle que soit cette pratique – n'en a plus une vision aussi livresque ; initié à une autre tradition juridique, il devient en quelque sorte extérieur à son propre système de droit qu'il ne perçoit plus avec le même sentiment de « naturalité ».

Troisième année : l'approfondissement de certains objets

La dernière année de formation voit les étudiants se partager en plusieurs catégories. Je mettrai à part ceux qui ont décidé de préparer le concours d'entrée à l'ENM. Ayant choisi la spécialité « carrières judiciaires et juridiques » du master de Sciences Po, ils sont intégrés dans un cursus spécifique propre à les préparer aux différentes épreuves de ce concours. Mon propos portera sur ceux ayant choisi la spécialité « droit économique » qui comprend le plus grand nombre d'étudiants (les 4/5e environ).

De manière schématique, ces derniers ont le choix entre deux principales options. La première les destine plutôt à une pratique majoritairement de droit interne, les enseignements qui y sont dispensés mettant plus ou moins l'accent, selon la filière retenue au sein de cette option, sur le contentieux ou le conseil – étant néanmoins précisé que tout juriste doit être à même de maîtriser ces deux faces de la pratique du droit[45]. La seconde option les oriente de manière plus spécifique vers une pratique que l'on pourrait qualifier de « transnationale » ou « globale » du droit[46] ; elle a vocation à préparer des « *global lawyers* » qui, ainsi que je l'ai dit, constituent aujourd'hui la grande affaire des principales écoles ou facultés de droit dans le monde – ce que prouve la multiplication des articles ou des colloques qui lui sont consacrés, voire des expériences menées par telle ou telle université, au premier rang desquelles figure, du moins sur un plan

45. Ce qui me donne l'occasion de rappeler ces mots de Jerome Frank : « *Litigation is the ultimate reference for a lawyer. By and large, in the last analysis, legal rights and duties, so-called, are nothing more or less than actual or potential successes or failure in lawsuits. A lawyer who has inadequate acquaintance with litigious processes is, relatively, an impotent lawyer* » [*in* « A Plea for Lawyer-Schools », 56 *Yale L. J.* 1303, 1305-1306 (1946-1947)].

46. Chaque mot mériterait ici quelques éclaircissements. V. par exemple, sur la distinction entre « global » et « transnational » et ses rapports avec l'enseignement du droit, C. Valcke, « Global Law Teaching », 54 *J. Legal Educ.* 160, 161-167 (2004).

chronologique, le Global Law School Program de New York University[47].

Bien évidemment, cette distinction domestique/global doit être relativisée, car même les juristes qui ont majoritairement une pratique du droit interne sont affectés par le mouvement général de globalisation – dont l'européanisation du droit n'aura été que la préfiguration. L'internationalisation des affaires, les migrations de populations, ou encore la multiplication des liens familiaux transfrontaliers changent la pratique des juristes les plus classiques : les praticiens du droit de la famille ne disent-ils pas que les questions les plus intéressantes, celles pour lesquelles leur savoir-faire est requis par des tribunaux sinon enclins à faire de plus en plus fréquemment appel à des médiateurs, relèvent aujourd'hui du droit international ? Ce sont en outre les branches du droit elles-mêmes, et non seulement les questions traitées, qui sont affectées par ce mouvement : qui peut dire aujourd'hui que le droit de la propriété intellectuelle relève encore de la distinction domestique/global ? Le tout pour ne rien dire du droit de la concurrence ou du droit des instruments financiers, voire du fort classique droit des obligations qui fait l'objet d'un discret mais réel métissage au sein de l'Europe. De même encore, n'entend-on pas des magistrats – exerçant le plus souvent au sein des cours suprêmes – dire qu'ils souhaiteraient obtenir des avocats qui plaident

47. V. la présentation qu'en fait le doyen John E. Sexton : « The Global Law School Program at New York University », 46 *J. Legal Educ.* 329 (1996).

devant eux des études de droit comparé même quand ils doivent statuer sur des questions de droit interne, ne serait-ce que pour se faire une idée de la manière dont ces questions sont traitées ailleurs ?

Sous ces réserves, il apparaît néanmoins que certains juristes, encore peu nombreux, commencent à ressembler plus que d'autres à des « *global lawyers* » ou à ce qui pourrait en être la préfiguration. On les trouve principalement dans les directions juridiques de quelques entreprises multinationales, mais aussi dans les fameuses *big law firms* (majoritairement anglaises ou américaines, mais qui pourraient être bientôt australiennes ou chinoises). Leurs domaines de prédilection semblent être les opérations de fusions-acquisitions et les montages financiers (publics et privés) de grande ampleur, mais aussi les contentieux multi-juridictionnels qui occupent une fraction croissante de leur temps[48], voire celui des directions juridiques des grandes entreprises – ce qui n'était pas le cas il y a encore une dizaine d'années. Ce qui n'est pas exclusif d'évolutions diverses : c'est ainsi qu'est apparu sur le devant de la scène, au cours de la décennie, tout ce qui tourne autour de l'expression générique de « responsabilité sociale des entreprises » qui peut avoir une dimension mondiale.

Si donc la plupart des praticiens sont ou vont être affectés par le mouvement général de mondialisation du droit, qui produira aussi bien des effets

---

48. V. sur ce thème, C. L. Baker, Ch. Eck, Ch. Jamin et Y. Wehrli, « Cabinets d'avocats à vocation mondiale : quelles stratégies pour demain ? », *CDE* n° 5, sept. 2011, entretien, p. 5 *sq*.

locaux que globaux et dans la plupart des domaines de la pratique du droit, ce qui les obligera à penser de manière globale même quand il aborderont des objets domestiques, il existe d'ores et déjà des juristes que ce mouvement affecte pleinement. Et ils se divisent en deux catégories : il y a ceux qui effectuent un travail de facture technique, mais il y a aussi ceux qui, sans entrer dans le détail des questions techniques, sont amenés à coordonner le travail d'équipes multidisciplinaires et pluriculturelles, leur préoccupation étant principalement de nature organisationnelle et stratégique. Ce qui exige d'autres qualités que celles attendues de manière traditionnelle d'un juriste « national ».

C'est en songeant plus spécialement à ces praticiens que nous avons souhaité mettre l'accent sur une formation initialement qualifiée de « *global studies* » – mais sans jamais oublier, quitte à me répéter, que ce sont tous nos étudiants qui ont vocation à être plongés dans cette manière globale de percevoir le droit, et cela dès le début de leur cursus, en suivant des enseignements en anglais, en choisissant de passer un semestre dans une université étrangère et/ou de faire un stage à l'étranger au cours de leur année de césure, ou encore en étant très tôt confrontés à des étudiants et des enseignants d'autres traditions juridiques. En toute hypothèse, c'est en imaginant les traits de cette formation néanmoins spécifique que nous avons le plus sérieusement réfléchi à des innovations pédagogiques qui pourraient avoir un retentissement sur les autres spécialisations. C'est donc à ces innovations que je voudrais consacrer les lignes qui suivent en distinguant les « études globales » de ce qui est commun aux différentes filières.

- **La spécificité des études globales**

Le lecteur l'aura compris : la filière « *global studies* » prend corps lors de la dernière année – qui peut être la seconde ou la troisième selon que les étudiants choisissent ou non d'opter pour l'année dite de césure. Or ce choix a donné lieu à des discussions passionnées parmi les fondateurs de l'École de Droit, car il n'apparaissait pas nécessairement relever de l'évidence et touchait en définitive l'ensemble du cursus.

En résumé, notre interrogation fut la suivante : devions-nous commencer par former des juristes qui maîtriseraient les arcanes de leur propre tradition juridique avant d'aborder l'étude d'un droit dont l'un des traits est de ne pas être aussi « territorialisé » ou « nationalisé » ? De nombreux auteurs répondent par l'affirmative à cette question[49]. Ce qui aboutit en général à la création de doubles cursus « nationaux » du type de ceux existant entre la France et l'Allemagne, l'Angleterre ou les États-Unis qui permettent le plus souvent aux étudiants de commencer par deux années dans leur faculté d'origine avant d'aller compléter leur formation initiale par deux années dans la faculté de droit

49. V. par exemple, R. J. Friel, « Special Methods for Educating the Transnational Lawyer », 55 *J. Legal Educ.* 507, 508 (2005) : « *Transnational legal education needs to start from a solid base : the study of a relevant national legal system* ».

partenaire – un système dont les promoteurs du « transsystémisme » en particulier ont montré les limites en ce qu'il aboutit à une simple cohabitation ou à une superposition plutôt qu'à un dialogue actif[50].

Au contraire, devions-nous commencer par un enseignement « déterritorialisé » sans vraiment jamais le quitter par la suite pour ceux qui suivraient la filière « *global studies* », et en venant ultérieurement à l'étude technique du droit interne ou domestique pour les autres ? Ce qui, on le voit, nous faisait déborder au-delà d'une réflexion sur la seule formation des juristes globaux. Nous avions au moins deux expériences de ce type sous nos yeux : celle initiée par la Faculté de droit de l'Université McGill dont l'ambition est de métisser le *common law* et le droit civil dans un même cursus intégré[51] et celle menée par le *European Law Studies programme* de l'Université de Maastricht qui permet aux étudiants de suivre trois ans de formation consacrés à l'étude des principes communs aux différents États de l'Union européenne. Ces deux expériences ne sont néanmoins pas aussi radicales que celle que nous avions à l'esprit, puisque l'une se limite à l'étude combinée du droit civil et de la *common law*, alors que l'autre exige une première année de formation au droit national.

Nous n'avons donc pas voulu nous lancer dans un programme aussi novateur et cela pour divers

50. N. Kasirer, « Bijuralism in Law's Empire and Law's Cosmos », 52 *J. Legal Educ.* 29 (2002).
51. V. *supra*, p. 214 *sq.*

motifs. Tout d'abord, en raison de la relative nouveauté et de la complexité du phénomène de globalisation, il nous semblait que nous n'avions pas encore le recul nécessaire qui nous aurait permis de construire un programme de formation suffisamment pertinent et cohérent, même si certains d'entre nous réfléchissent de longue date aux implications du phénomène de globalisation sur les structures de gouvernance, les pratiques professionnelles, les modes de raisonnement et les modalités de formation des juristes. En outre, nous n'avions pas en nombre suffisant des enseignants susceptibles de s'impliquer pleinement dans un programme aussi ambitieux. Enfin, nous ne souhaitions pas uniquement former des « *global lawyers* », mais continuer à former des juristes plus classiques. Dit autrement : il nous aurait été reproché par les praticiens et nos étudiants de rompre aussi brutalement avec des habitudes fortement ancrées dans les esprits – celle d'un droit de facture technique et « territorialisé ». De même que nous avions renoncé à enseigner le droit uniquement par « objets » et non plus par « branches »[52], nous avons donc renoncé à notre seconde option – un renoncement qui pourrait n'être que temporaire en raison de la nature essentiellement contingente des arguments avancés pour s'y opposer[53].

52. V. *supra*, p. 194.

53. Comp. Y.-M. Morissette, « McGill's Integrated Civil and Common Law Program » 52 *J. Legal Educ.* 12 (2002), qui insiste sur le caractère progressif du passage d'un apprentissage d'un droit « territorialisé » à un droit « transsystémique », ce passage ayant eu

En outre, si nous avons renoncé à ce projet, c'est parce que nous pouvions offrir à tous nos étudiants les moyens de « penser globalement », autrement dit de se départir des canons des modes de pensée juridique traditionnelle. La structure des enseignements de première année leur permet déjà de s'affranchir d'une conception trop étroitement française du droit. D'abord parce qu'ils ont la possibilité de suivre des cours en langue anglaise, dispensés par des enseignants de nationalités diverses, ce qui produit nécessairement des effets sur le contenu même des enseignements, au point que certains d'entre eux ont d'ores et déjà une vocation « transsystémique »[54]. Ensuite, parce que même les cours dispensés en français sont organisés de telle sorte qu'ils n'enferment pas les étudiants dans la croyance en l'universalité des modes de raisonnement des juristes nationaux. Non seulement en raison de la structure tripartite des cours précédemment décrite[55] qui permet de prendre ses distances avec le modèle doctrinal de la formation juridique française, mais encore en raison de la place centrale occupée par le cours d'épistémologie juridique dont l'objectif est de « déconstruire » la croyance dans la réification des instruments techniques du droit. Quant à l'année de césure, marquée par le double sceau, pour ne pas dire le double choc, d'une expérience pratique et du passage dans une faculté de droit étrangère, elle permet aussi d'accroître leur

lieu par vagues successives sur plusieurs décennies à l'Université McGill.

54. V. *supra*, p. 211 *sq*.

55. V. *supra*, p. 195 *sq*.

vision pluraliste du droit, ou à tout le moins de ne plus tout à fait croire au caractère « normal » ou « naturel » de leur tradition juridique nationale[56].

Restait alors à construire un cursus que ses promoteurs ont voulu axer autour de quelques domaines, parce qu'ils sont nouveaux, débattus et fortement porteurs de sens, que sont la gouvernance économique globale, la responsabilité sociale des agents économiques ou encore les conflits multi-juridictionnels, avec une attention particulière portée sur les questions d'arbitrage international. Je n'en débattrai pas au fond (car ils sont susceptibles de changer demain) et me limiterai à deux observations de nature pédagogique.

Première observation : même si nous venons cette année d'ouvrir un cours en espagnol, la plupart des enseignements dispensés dans cette filière le sont en anglais, non seulement parce que les « *global lawyers* » travaillent principalement dans cette langue, mais aussi parce que cette filière accueille de très nombreux étudiants étrangers. Au

56. Comp. J. Husa, « Turning the Curriculum Upside Down : Comparative Law as an Educational Tool for Constructing the Pluralistic Mind », 10 *German Law Journal* 913, 914 (2009) : « *The problem with the traditional law-teaching approach is that it constructs a primary epistemic foundation for legal understanding, which is based on the one mother-system. This creates an implicit mono-epistemology, which makes lawyers regard their own system as "normal" and other systems as "not-normal" or, at least, something that is "less-normal". From this mono-epistemic platform, the law-student is first immersed in the one-approach-thinking, which later makes it difficult to epistemologically adapt to transnational pluralism and to genuinely accept different approaches* ».

jour où j'écris ces lignes, du fait de la multiplication de nos accords d'échanges mais aussi de notre volonté d'accueillir un nombre significatif de jeunes en provenance de tous horizons, nous comptons des étudiants de plus de quarante nationalités au sein de l'École dont une large fraction ne parle qu'un français approximatif, même si la plupart d'entre eux sont désireux d'étudier en France, ce qui les amène à apprendre notre langue. Néanmoins cette contrainte linguistique, qui constitue peut-être et de manière paradoxale le moyen le plus efficace de défendre la francophonie[57], n'est rien par rapport aux avantages que l'on peut tirer de cette rencontre au sein même de la classe. Enseigner à des étudiants de nationalités et de cultures, y compris de cultures juridiques, très différentes déroute parfois les enseignants. Ceux-ci y perdent parfois leurs repères en étant confrontés à des publics hétérogènes qui ne partagent pas tous les mêmes codes culturels et d'identiques modes de pensée. Néanmoins, cette

---

57. Cette défense de la francophonie présente au moins un double aspect. D'une part, elle permet à des étudiants, qui ne parlent pas français, d'avoir accès à une pensée juridique d'origine française, ce qui n'aurait jamais été le cas autrement. D'autre part, elle autorise la mise en œuvre de certaines stratégies d'apprentissage de la langue française en offrant à ces étudiants la faculté d'apprendre le français ou d'en perfectionner leur connaissance, puis de suivre un ou deux enseignements en langue française si leur niveau de base s'est amélioré à l'issue d'un semestre passé au sein de l'École de Droit. On s'aperçoit d'ailleurs que de nombreux étudiants ont des rudiments de français (et parfois plus) quand ils intègrent le programme, et que la plupart d'entre eux sont très désireux de suivre les cours de langue qui leur sont offerts.

même diversité enrichit considérablement le contenu intellectuel du cours.

C'est ainsi que m'est apparue en pleine lumière, il y a déjà quelques années (et alors que je dispensais un cours de droit européen des contrats), l'opposition radicale entre les formations françaises et américaines. Alors que les étudiants formés en France avaient encore le sens de l'autorité ou demeuraient contraints dans les arguments qu'ils mobilisaient au soutien d'un raisonnement, les étudiants formés aux États-Unis, dont certains passent leur troisième année de *JD* au sein de l'École de Droit, étaient beaucoup moins attachés à l'autorité de la parole professorale et n'hésitaient pas à recourir à une très grande variété d'arguments dont certains n'auraient pas toujours été qualifiés de « juridiques » par les juristes français. L'effet d'un enseignement socratique, pluridisciplinaire (aujourd'hui le plus souvent imprégné d'analyse économique) et moins axé sur la connaissance de solutions, s'y faisait à mon sens pleinement sentir. Ce qui donnait à la fin de l'année des copies d'examen très différentes : celles des étudiants français étaient le plus souvent rigoureuses en la forme, mais leurs auteurs avaient tendance à reproduire ma parole dont ils s'éloignaient peu ; rédigées à la première personne du singulier, celles des étudiants américains étaient plus confuses, mais elles constituaient souvent une discussion pied à pied avec les idées que j'avais pu avancer durant le cours.

Et il ne s'agit ici que d'une comparaison entre étudiants français et américains. Ajoutez au sein du cours des étudiants asiatiques ou africains et vous obtenez un cocktail détonnant où les certitudes les mieux ancrées sont remises en cause, un cocktail nettement plus intéressant que le seul mélange franco-américain pour certains de mes collègues, en raison de la différence radicale de traditions juridiques. En un mot, une représentation en miniature d'une société mondialisée, celle dans laquelle une fraction de nos étudiants évoluera professionnellement.

Seconde observation, qui ne tient plus à la diversité des étudiants, mais à celle de leurs professeurs : pour permettre l'émergence de véritables études globales, nous avons pris l'initiative d'inviter massivement des collègues en provenance du monde entier. Et je précise bien « du monde entier », car nous n'avons pas voulu nous limiter aux seuls pays occidentaux, voire à la seule tradition anglo-américaine qui aurait constitué la solution de facilité. Je le redis : même si beaucoup s'ingénient à les opposer de manière radicale, les traditions de *common law* et de droit civil ne sont en effet pas si éloignées l'une de l'autre ; ce sont, en dernière analyse, deux façons très occidentales d'appréhender les rapports sociaux. Or c'est de ce risque majeur dont nous avons voulu nous prémunir : celui d'un « occidentalo-centrisme ». Il nous fallait donc inviter de nombreux collègues en provenance de traditions diverses pour échanger avec nos étudiants et tenter de leur faire appréhender la manière dont un juriste japonais, chinois, indien, égyptien ou brésilien peut en particulier appréhender des objets globaux – droits de l'homme, droit international public, droit du commerce international, droit du développement, droit du financement, gouvernement d'entreprise, etc.

Néanmoins, cette politique engendre au moins une difficulté pratique majeure, j'allais dire une question de cuisine : il faut réussir à faire venir des professeurs étrangers durant l'année universitaire. Or il est très difficile de mobiliser un professeur durant les dix ou douze semaines que dure un semestre, car il est le plus souvent retenu au sein de son propre établissement d'enseignement quand il ne souhaite pas s'éloigner trop loin de sa famille. Une solution est de compter sur les années sabbatiques des uns et des autres. Néanmoins, ces années sont le plus souvent consacrées à la recherche et à l'écriture et non à des enseignements. Une autre est d'ajouter au cursus un semestre qui corresponde à une période durant laquelle nombre d'universitaires n'enseignent pas – le plus souvent entre mai et septembre. Néanmoins, il ne s'agit pas d'une règle universelle. Aussi avons-nous commencé à réfléchir à un découpage de chacun de nos actuels semestres en deux : au lieu qu'une année compte deux semestres de douze semaines, elle pourrait en compter quatre de six semaines. Un tel découpage existe dans différentes institutions à travers le monde – écoles de droit, de commerce ou de médecine. Il permet de procéder à des enseignements intensifs sur un cours laps de temps. Des blocs de cours peuvent se succéder les uns aux autres. On connaît l'objection majeure opposée à ce système :

même limités à très peu de cours par période de six semaines, de tels blocs ne permettent guère aux étudiants d'assimiler les matières qui leurs sont enseignées (souvenons-nous des professeurs de droit qui, au moment où fut décidé de découper les années universitaires en semestres, avaient soutenu que seule une année complète permettait cette assimilation). Un tel système aurait néanmoins l'avantage de favoriser le développement d'une école de droit véritablement globale en autorisant des universitaires du monde entier à venir enseigner de manière très intense durant une période de temps assez courte. Elle permettrait aussi aux enseignants de l'École de Droit de concentrer leurs enseignements sur de courtes périodes entièrement dévolues à leurs enseignements et à leurs étudiants, et donc de disposer de longues périodes de temps consacrées à la recherche ou à des enseignements dans des universités partenaires[58].

- **Les innovations communes aux différentes filières**

L'innovation dont je viens de parler n'est pas la seule imaginable. Il en est une autre qui peut lui être assimilée, car elle vise à concentrer un enseignement sur un très court laps de temps en vue d'intensifier l'apprentissage d'une question particulière. Certains de mes collègues commencent à

---

58. Une autre solution peut consister, sans véritablement toucher au découpage semestriel des enseignements, à réserver une période dans l'année dédiée à la délivrance d'un seul et unique cours intensif, sur le modèle du « *J-Course* » qui existe à la *Harvard Law School* durant les trois premières semaines de janvier.

expérimenter des enseignements sous forme d'ateliers, comme cela se fait dans les écoles professionnelles. En un mot, il s'agit de réserver deux ou trois jours à l'étude d'un véritable cas sous l'autorité des professionnels qui ont eu à le traiter. C'est une nouvelle fois une façon de faire passer progressivement les étudiants d'un droit livresque à un droit en action, mais au lieu que ce soient les étudiants qui aillent chez les professionnels, ce sont ces derniers qui enseignent au sein de l'École de Droit – à moins que les ateliers ne se déroulent sur leurs lieux de travail. Ce qui n'est en définitive pas très original, mais nécessite de trouver un nombre suffisant d'ateliers, car ceux-ci n'ont vraiment de portée pédagogique que s'ils s'adressent à un nombre restreint d'étudiants (six à dix).

Autre manière de favoriser ce passage vers le monde professionnel : inciter les étudiants à participer à différents concours de plaidoiries. Ceux-ci sont très nombreux dans le monde anglo-américain. Certains sont plus prestigieux que d'autres. Tout le monde connaît le *Philipp C. Jessup International Law Moot Court Competition*, qui réunit des étudiants de plus de 500 facultés de droit dans 80 pays, ou encore le *Willem C. Vis International Commercial Arbitration Moot* de Vienne. Ces concours ont pour grand avantage de motiver les étudiants. En général, ceux-ci s'investissent beaucoup dans la préparation des dossiers sous l'autorité de superviseurs, le plus souvent des praticiens, alors qu'au fur et à mesure qu'ils avancent dans l'apprentissage du droit, les enseignements plus traditionnels leur semblent éloignés de la réalité de leur pratique future, quand ils ne s'y ennuient pas. Néanmoins, de nombreux universitaires français demeurent réticents à l'égard de ces concours en considérant que les étudiants ont mieux à faire que de s'y inscrire, l'approfondissement de la dogmatique juridique devant selon eux l'emporter sur cet apprentissage par la pratique que ces professeurs réservent aux écoles professionnelles, selon le schéma français de formation des juristes[59].

Néanmoins les esprits évoluent. C'est ainsi qu'on a vu récemment éclore, dans les revues juridiques françaises, des articles et une réflexion sur les cliniques du droit. Parfois même comme un remède à tous les maux. J'ai suffisamment parlé des cliniques pour y revenir longtemps[60]. À mon sens, elles sont empreintes d'une double ambiguïté.

D'une part, même si les juristes français y ont fait référence au début du XXe siècle pour favoriser les études des « cas » de jurisprudence, puis ont tenté de créer des « boutiques du droit » dans les années 1970, ces cliniques sont avant tout un produit nord-américain destiné à régler un problème spécifique à l'Amérique du nord : dans la mesure où les étudiants sont appelés à pratiquer le droit immédiatement après avoir réussi l'examen du barreau à l'issue de leurs trois années de *JD* et où les universitaires nord-américains sont des *scholars* que leurs travaux éloignent des préoccupations immédiates des praticiens, le barreau américain souhaite que ses futurs membres aient une connaissance de la

59. V. *supra*, p. 76 *sq*.
60. V. *supra*, p. 111 *sq*.

pratique avant d'être confrontés à la réalité quotidienne du droit[61]. Or nous ne sommes pas dans cette situation puisque, nous l'avons vu, le système français est censé offrir un sas entre la formation dispensée au sein des facultés de droit et la pratique professionnelle. Dans cette mesure, l'exigence de cliniques serait moins pressante qu'aux États-Unis.

D'autre part, toujours aux États-Unis, l'objectif de ces cliniques demeure ambigu. Les praticiens y voient le moyen de promouvoir des « *professionnal skills* » chez leurs étudiants, alors que les premiers à en défendre l'introduction dans les programmes avaient pour objectif de permettre à ces étudiants de voir le plus tôt possible ce qu'était le droit « dans la réalité », autrement dit hors des seuls livres de droit. Sa finalité était donc plus théorique que vraiment professionnelle.

J'ai eu aussi l'occasion de le dire précédemment : dès lors que nous souhaitions combiner un apprentissage du droit au sein des salles de cours à un apprentissage par la pratique ou l'expérience, afin

61. Cette présentation mériterait d'être nuancée, car il semble que les plus grands cabinets soient assez indifférents au caractère pédagogique de telles cliniques dans la mesure où ils se réservent traditionnellement le soin de former eux-mêmes leurs étudiants à la pratique. En outre, la plupart des questions traitées par ces cliniques ne sont pas au centre de leurs préoccupations. Néanmoins, il est possible que l'actuelle crise que connaît l'exercice du barreau aux États-Unis fasse évoluer les esprits (la plupart des cabinets étant moins enclins à former leurs étudiants pendant plusieurs années, et cela peut-être sous la pression de leurs clients qui sont eux-mêmes moins disposés à rémunérer les « *associates* » à des tarifs élevés – ce que nous avons déjà vu, *supra*, p. 121).

de permettre à nos étudiants de mieux saisir leur objet d'étude, il n'y avait aucune raison de ne pas promouvoir de telles cliniques, alors même que certains de ces étudiants pouvaient d'ores et déjà avoir effectué un stage hors les murs durant leur année de césure. Mais si nous voulions précisément que ces cliniques ne fassent pas doublon avec ces stages, il nous fallait assurer un encadrement pédagogique des étudiants plus étroit que celui assuré par les différentes institutions qui les accueillent durant cette année. Ce qui nous confrontait à nouveau à deux difficultés bien connues des écoles de droit nord-américaines : d'un côté, les cliniques sont d'un coût élevé car elles nécessitent qu'un nombre important d'enseignants encadre l'activité des étudiants ; de l'autre, il est difficile de trouver des universitaires qui souhaitent s'y consacrer, parce que cela n'apparaît guère compatible avec l'obligation qu'ils ont de produire des travaux académiques. En un mot, être un *clinical law teacher* ne s'accorde pas vraiment avec le statut de *scholar*.

En l'état, le développement d'une clinique ne peut donc se faire sans un apport substantiel de professionnels du droit. Ce qui apparaît aujourd'hui moins difficile qu'il y a encore quelques années. Plusieurs avocats sont certes encore hostiles au développement des cliniques (comme ils l'étaient d'ailleurs à l'époque des boutiques du droit) dont ils estiment qu'elles les concurrencent de manière directe, spécialement dans le domaine couvert par l'aide juridique. Mais d'un autre côté, la présence importante des grands cabinets anglais et américains sur la place de Paris a changé la donne : l'activité pro bono y est valorisée de même qu'un certain engagement sociétal, ce qui permet de bénéficier sinon de fonds du moins d'un « mécénat de compétence ». Autrement dit, nombre de leurs collaborateurs, le plus souvent d'excellent niveau, sont disposés à consacrer une partie de leur temps à cet encadrement en lien étroit avec les universitaires responsables de la clinique. Avec toutefois une limite dont il faut être conscient si, à l'image de l'esprit qui avait gouverné les boutiques de droit, l'on souhaite donner une coloration « critique » aux cliniques : l'implication massive et bénéfique des grands cabinets dans de tels programmes rend plus difficile le traitement de certains sujets. À titre d'exemple, le droit du travail en est assez rapidement banni au nom d'un risque de conflit d'intérêts, de même que des cliniques plus largement consacrées à des thèmes susceptibles de s'opposer de manière frontale aux intérêts des grandes entreprises, clients actuels ou futurs de ces cabinets. Ce qu'on appelle parfois « *le paradoxe du pro bono* »[62] doit donc être connu sans toutefois être surestimé.

Un coût financier élevé, malgré l'engagement important de certains professionnels, et la difficulté de trouver des universitaires aptes à diriger une clinique (à la fois en termes de temps et de compétences) ont donc constitué les deux principaux obstacles qui nous ont incité à nous lancer dans l'aventure de manière simplement progressive. Une

62. R. Abel, « The Paradox of Pro Bono », 78 *Fordham L. Rev.* 2443 (2010).

poignée d'étudiants, à la fois motivés et militants, s'y implique aujourd'hui avec le soutien très actif de plusieurs membres du corps professoral, du barreau et des mondes de l'entreprise. Mais nous ne sommes pas encore la *clinical law school* chère à Jerome Frank dont nous avons recueilli pourtant l'enseignement – et nous ne le serons peut-être jamais, même si cette activité est amenée à prendre une importance croissante en fonction des moyens dont nous disposerons.

C. La constitution d'une communauté universitaire

Question finale, mais cruciale : de la possibilité de construire une véritable communauté universitaire dépend la réussite d'un projet pédagogique et scientifique. Et ce n'est pas le moindre des paradoxes, cette réussite découle, selon de très nombreux universitaires étrangers dont je partage pleinement les vues, de la réponse donnée à ce préalable que constitue la question immobilière. Pour qu'une communauté intellectuelle puisse prospérer, il faut que ses membres soient présents dans les mêmes locaux. Et cela même en dépit des progrès des outils technologiques les plus variés. Mais il ne s'agit que d'un préalable ; deux autres questions lui sont liées : elles tiennent au recrutement des professeurs permanents et à la manière dont ces derniers associent les jeunes chercheurs. Aussi consacrerai-je quelques mots à la question immobilière et à ce qu'elle implique, avant de traiter du profil des professeurs permanents et de la construction du programme doctoral.

La question immobilière et ses implications

C'est une question plus culturelle que matérielle. La question immobilière ayant constitué maintenant depuis plusieurs décennies une priorité des pouvoirs publics, il existe aujourd'hui un nombre important d'établissements universitaires qui disposent de bureaux que les professeurs et maîtres de conférences pourraient occuper, mais qui restent vides parce que leurs titulaires ne s'y rendent le plus souvent qu'au moment où ils viennent à la faculté pour dispenser leurs cours. Depuis longtemps, l'habitude a été prise de travailler au domicile ou dans des locaux loués en ville, quand les professeurs de droit ne travaillent pas dans les cabinets d'avocats qui les emploient. Il s'ensuit que les universitaires français travaillent de manière isolée et n'ont que peu de contacts réguliers avec leurs collègues ou leurs étudiants.

Or cette situation présente de multiples inconvénients. D'abord, elle n'autorise guère la réception de collègues étrangers qui se sentent très isolés quand ils viennent en France. À l'inverse, les universitaires français profitent peu de leur venue, car les échanges et discussions ne sont nullement facilités quand les rencontres ne peuvent pas avoir lieu au sein même de l'université, ou quand leurs membres ne s'y rendent que de manière épisodique.

En outre, cette situation ne facilite pas le contact entre les étudiants et leurs professeurs. Les premiers s'en plaignent amèrement, et l'on ne me fera pas croire qu'ils constituent toujours d'imposantes cohortes qu'il est impossible de recevoir : dans nombre d'établissements, les étudiants de master 2 ne dépassent guère quelques dizaines et il n'est pas impensable d'établir avec eux une relation personnalisée en fixant par exemple des « *office hours* », qui sont ces heures réservées à la réception des étudiants. Ce qui a un avantage indéniable sur un plan pédagogique : quand l'étudiant rend visite à son professeur dans un bureau où ce dernier travaille, il ne peut qu'être influencé par le lieu et l'ambiance qui y règnent. Son professeur n'est plus seulement une personne qui délivre un cours dans une salle de classe, mais aussi un chercheur incarné dans un bureau, au milieu de ses livres. Qui plus est, c'est un chercheur qui travaille au sein d'une communauté intellectuelle puisque les bureaux de ses collègues, mais aussi des doctorants, se situent à proximité immédiate.

Enfin, ce même isolement géographique empêche les relations entre collègues. Combien d'idées se transmettent, de décisions et de projets de recherches se prennent dans le bureau de l'un ou de l'autre ou autour de la machine à café ? C'est une constante chez nos collègues étrangers : tous insistent sur l'importance de ces rencontres informelles sur la création intellectuelle.

La plupart des universitaires qui ont participé au projet de l'École de Droit ont donc décidé de jouer le jeu en acceptant de travailler à peu près quotidiennement dans les bureaux qui leur ont été alloués. Et les effets attendus ont joué : les étudiants ont pris l'habitude de rencontrer tel ou tel de leurs professeurs, certains enseignants extérieurs usent de la même faculté avec les professeurs permanents, et les nombreux collègues étrangers qui sont de passage pour une plus ou moins longue période ne se sentent plus isolés – et cela d'autant moins qu'ils disposent eux-mêmes d'un espace de travail. Tous sont intégrés à des degrés divers à une même communauté intellectuelle, à la fois plurielle et globale. Ce qui a permis de franchir une étape en organisant un séminaire régulier où se retrouvent tous les chercheurs associés au projet : mensuel à l'origine, celui-ci est progressivement devenu hebdomadaire. La règle est que tous les professeurs titulaires s'y retrouvent pour y écouter et débattre avec l'un d'entre eux, un doctorant ou un collègue étranger. Et cela même sur des sujets qui ne sont pas les leurs. À la fois pour se tenir au courant des recherches des autres et ne pas se focaliser sur leurs domaines de spécialité. Ce qui produit cet autre effet : l'habitude se prend peu à peu chez certains de faire circuler leurs projets d'articles auprès de tous les autres membres du groupe pour recevoir leurs observations. Or cette habitude ne peut à terme qu'améliorer la qualité des articles publiés, car elle autorisera des rapprochements inattendus ou permettra à l'auteur de la future publication de profiter, dans un domaine qui lui est peu familier, voire inconnu, de l'apport intellectuel de tel ou tel collègue.

Bien plus, la règle appliquée aux professeurs titulaires l'a été aussi aux étudiants qui sont admis dans le programme doctoral : ceux-ci disposent d'une salle de travail où ils sont titulaires d'un espace de travail privatisé – à l'image des « *work stations* » réservés aux étudiants de maîtrise dans les écoles de droit nord-américaines. Et eux aussi ont joué le jeu en venant travailler quotidiennement au sein de l'École. Ce qui a produit des effets identiques en leur permettant de croiser chaque jour leurs différents superviseurs et de confronter leurs expériences. Et eux aussi ont songé à créer leur propre séminaire.

Le profil des professeurs permanents

Trouver un professeur permanent acceptant de travailler de manière à peu près quotidienne dans le bureau que lui réserve l'établissement qui le recrute n'est déjà pas une chose aisée dans le contexte universitaire français. Mais la tâche devient vraiment ardue quand il s'agit au surplus d'associer un collègue qui adhère à un projet intellectuel aussi spécifique que celui de l'École de Droit. Il n'est pas toujours facile de recruter une personne qui, non seulement ne se reconnaisse pas pleinement dans le « modèle doctrinal » français, mais qui soit encore apte à enseigner en anglais et ouvert à cette interdisciplinarité qu'affectionne particulièrement Sciences Po et qui caractérise aujourd'hui une part importante de la communauté juridique à l'échelon international.

Je voudrais ouvrir ici une courte parenthèse pour être compris sur le sens à attribuer à cette ouverture interdisciplinaire. Celle-ci a mauvaise presse de ce côté-ci de l'Atlantique alors qu'elle a permis ailleurs des innovations majeures : du tournant herméneutique en théorie du droit à la consécration de l'analyse économique du droit, en passant par la promotion des études juridiques empiriques et l'émergence de plusieurs courants critiques. C'est que l'interdisciplinarité ne produit ces effets bénéfiques qu'à la condition d'impliquer un véritable investissement dans plusieurs disciplines. Ce qu'il faut, c'est pouvoir recruter des sociologues, des anthropologues, des économistes ou des philosophes qui soient pleinement engagés dans leurs disciplines respectives, mais qui aient en même temps procédé à l'investissement nécessaire pour devenir pleinement des juristes (pour penser l'articulation des sciences du dehors et du dedans dont j'ai précédemment parlé). Autrement dit, des personnes qui soient à la fois pleinement juristes et pleinement non-juristes. Ce qui exige le plus souvent une double formation, mais évite la fameuse opposition entre le regard interne et le regard externe sur le droit dont la pertinence n'est que rarement convaincante. Nous avons tous à l'esprit tel sociologue qui se contente d'objectiver le parcours d'un juge pour expliquer le sens d'une décision de justice, du juriste qui se pique d'une philosophie « sans rigueur » quand lui vient l'idée de délivrer un enseignement de philosophie du droit ou encore du philosophe qui, s'intéressant au droit, le borne à l'étude de Kant, Hegel ou Fichte sans nullement s'attaquer à la matière telle que les juristes l'appréhendent.

Mais fermons la parenthèse et revenons à l'essentiel : en privilégiant un tel profil, nous ne nous facilitions guère la tâche. Nous savions donc que nous devrions procéder à quelques concessions. Comme le reconnaissent de nombreux doyens dans un grand nombre de facultés de droit à travers le monde, il est par exemple devenu très ardu de trouver des professeurs de droit des affaires ou de droit fiscal tant la concurrence des services juridiques des grandes entreprises ou des *law firms* est devenue rude. La majorité des facultés de droit sont tout à fait incapables de rémunérer leurs professeurs à un tarif ne serait-ce qu'approchant de celui que proposent ces institutions, et elles ne sont guère en mesure de leur offrir des conditions de travail aussi avantageuses, voire un même intérêt intellectuel. Aussi faut-il bien transiger en permettant à ceux qui rejoignent ces facultés de continuer à consulter à des conditions acceptables des deux côtés, voire en externalisant à peu près totalement l'enseignement de ces différents droits auprès des praticiens quand cette transaction s'avère impossible. Tout en le regrettant pour la recherche, du moins pour sa productivité, car je persiste à croire que la pratique constitue une excellente chose pour former des professeurs de droit dont Jerome Frank soutenait qu'ils devaient avoir pratiqué une bonne dizaine d'années dans les domaines les plus variés avant de postuler à un poste au sein d'une université[63].

Nous savions aussi que nous devrions recruter partiellement hors du corps des agrégés, car l'agrégation de droit ne favorise guère les qualités que nous souhaitons privilégier. À l'origine, c'est-à-dire au milieu du XIXe siècle, celle-ci avait principalement pour fonction de hausser en l'égalisant le niveau général de l'enseignement du droit sur l'ensemble du territoire national. Et c'est encore aujourd'hui son objectif majeur : elle vise avant tout à recruter des généralistes de l'enseignement du droit, et d'un enseignement principalement technique, ce qu'admettent encore, de manière symptomatique, les auteurs d'un récent rapport sur les modalités de recrutement des professeurs dans les disciplines juridiques et politiques quand ils écrivent que « *le concours d'agrégation ne doit pas former des techniciens monovalents mais des juristes et des politistes "généralistes" ayant l'aptitude à la spécialisation* », le tout au bénéfice plus spécifique « *des "petites" universités, confrontées à la difficulté de devoir attribuer des cours dans des matières diverses, que les nouveaux agrégés doivent être en mesure d'enseigner* »[64].

Cherchant à recruter des esprits ayant pris leur distance avec le modèle doctrinal français, fortement internationalisés, ouverts à la pluridisciplinarité,

63. J. Frank, « Why not a Clinical Lawyer-School ? », 81 *U. Pa. L. Rev.* 907, 914 (1932-1933).
64. F. Sudre, *Rapport du groupe de réflexion sur les modalités de recrutement des professeurs des universités dans les disciplines juridiques et politiques*, sept. 2011, n° 13, p. 7.

voire capables d'animer des cliniques du droit à l'image de ce qui se fait aujourd'hui dans d'autres pays, nous n'étions plus tout à fait sur ce modèle du professeur de droit, un modèle aujourd'hui fortement contesté[65]. Aussi allions-nous regarder du côté des agrégés, où ces qualités se rencontrent parfois, mais aussi ailleurs[66].

65. J'incite ici mes collègues à prendre soin de lire les propos du professeur von Bogdansky (in « *La science juridique dans l'espace juridique européen, une réflexion à partir de l'exemple allemand* », *D.* 2011, p. 2819) : « *Dans les law schools d'élite, c'est l'application des méthodes de recherche et de centre d'intérêts empruntés à d'autres disciplines scientifiques qui est perçue comme réellement scientifique. En revanche, la présentation et la systématisation du droit positif à des fins pratiques – ce qui n'est autre que la préoccupation majeure des professeurs de droit continentaux – sont très largement réservées aux juristes employés par les éditeurs qui gèrent également les bases de données. Les universitaires réputés se perçoivent bien plutôt comme des intellectuels publics, qui produisent des idées nouvelles en adoptant une approche pluridisciplinaire. La mondialisation de la science juridique, dont l'espace européen fera immanquablement partie, mettra l'approche doctrinale de la science juridique sous pression et exigera que celle-ci soit repensée* ».

66. À ce titre, la récente réforme des universités sert grandement nos desseins. D'une part, l'article L. 954-3 du Code de l'éducation issu de la fameuse loi n° 2007-1199 du 10 août 2007 relative aux libertés et responsabilités universitaires (loi dite LRU) autorise le recrutement d'enseignants-chercheurs sur contrat de droit privé à durée indéterminée, sans avoir à passer sous les fourches caudines des instances nationales (autrement dit, du Conseil national des universités). Nous avons donc désormais la possibilité de recruter des professeurs étrangers ou français formés à l'étranger qui étaient dans l'incapacité de revenir en France en raison de la langue dans laquelle sont publiés leurs travaux (tous les travaux publiés dans une autre langue que le français devant être traduits pour être soumis à l'appréciation d'un jury) ou de la nature de leurs recherches (des études pluridisciplinaires par exemple ou trop spécialisées pour convaincre un jury français). D'autre part, l'article 23 du décret

La construction d'un programme doctoral

Le lecteur pourra s'étonner de voir aborder ce sujet en fin de chapitre, voire en fin d'ouvrage, et non au moment où j'ai traité de l'élaboration du curriculum[67]. C'est parce que nous avons immédiatement pensé que les membres du programme doctoral ne constituaient pas tout à fait des étudiants comme les autres, mais d'ores et déjà des membres à part entière de la communauté intellectuelle que nous souhaitions constituer.

Contrairement à ce que j'ai pu entendre ici et là au cours des années, notre projet ne repose pas sur la seule volonté de construire une formation d'excellence dont le but ultime serait de permettre à nos étudiants d'investir les principaux cabinets d'avocats de la place de Paris. À l'image de Sciences Po dans son ensemble, notre projet est avant tout de nature intellectuelle et il privilégie de ce fait la recherche sur tout autre objectif[68]. Pour le dire autrement, mais le lecteur l'aura compris à la

---

n° 2009-460 du 23 avril 2009 dispense désormais les enseignants-chercheurs d'un niveau équivalent à celui de l'emploi à pourvoir, mais qui exercent dans un établissement d'enseignement supérieur autre que la France, de l'inscription sur la liste de qualification aux fonctions de professeurs. Ce qui est à nouveau rompre avec la logique centralisatrice et nationale au profit d'un recrutement local via une commission propre à l'établissement d'accueil, mais cette fois-ci au bénéfice d'une intégration dans la fonction publique.

67. V. *supra*, p. 185 *sq*.

68. V. de manière générale, R. Descoings, « Sciences Po est aujourd'hui une université internationale, sélective, qui consacre 40 % de son budget à la recherche », *Rue Saint-Guillaume* n° 163, juin 2011.

lecture de ce qui précède, l'École de Droit ne saurait être réduite à une institution dont l'objectif unique serait la « professionnalisation ». Non seulement parce que ce serait se condamner à terme au niveau international dans la mesure où la hiérarchie des universités s'établit principalement sur le fondement de la recherche, mais encore parce que la plupart d'entre nous avions quitté les facultés de droit en raison de notre propre insatisfaction intellectuelle à l'égard du projet dominant qui les fonde et en explique le fonctionnement – ce que je n'ai cessé d'expliquer tout au long de cet ouvrage.

Cette insatisfaction devait produire son effet sur la manière dont nous allions construire notre programme doctoral. Au rebours des facultés de droit françaises, nous voulions à la fois promouvoir l'interdisciplinarité et favoriser l'internationalisation de nos étudiants.

La première n'est pas chose aisée à réaliser, du moins dans certains domaines. C'est ainsi que nous n'avons pas encore réussi à privilégier des thèses fondées sur des études empiriques – qui ont en outre l'inconvénient d'être le plus souvent financièrement coûteuses. Il nous faudra en outre recruter des étudiants venant d'autres disciplines que le droit. Notre insertion dans Sciences Po, université qui revendique sa multidisciplinarité, devrait favoriser ce projet en permettant la circulation d'un étudiant d'une formation à une autre. À titre d'exemple, s'il souhaite poursuivre ses études par un doctorat en droit, un étudiant de la *Paris School of International Affairs* (l'École d'affaires internationales de Sciences Po) dispose aujourd'hui de la faculté de passer sa seconde année de formation au sein de l'École de Droit où il peut suivre un programme de préparation aux études doctorales en droit alliant enseignements des fondamentaux du droit, qualifiés de « pré-requis doctoraux », cours optionnels dans son domaine de recherches et préparation d'un mémoire propre à évaluer son aptitude rédactionnelle. À ce titre, la pluridisciplinarité institutionnelle de Sciences Po devenait une chance, alors qu'elle est perçue ailleurs comme un handicap[69].

De même, dans la mesure où les étudiants admis au sein de l'École de Droit sont d'ores et déjà diplômés de l'enseignement supérieur, nous pouvons accueillir au sein du programme doctoral des personnes titulaires d'une licence ou d'un master de mathématiques ou de philosophie, voire des ingénieurs ou des médecins. Et nous avons décidé de repérer ces étudiants dès la première année d'études au sein de l'École en imaginant, pour les meilleurs d'entre eux, un programme spécifique où, par exemple, la rédaction d'un mémoire devient centrale – plus encore : en imaginant que le programme doctoral puisse commencer dès cette première année de master. Non dans le but de gommer la richesse de leur formation antérieure pour en faire des « vrais juristes », ce que j'ai hélas trop souvent constaté ailleurs, mais pour profiter tout au contraire de leur parcours intellectuel afin

---

69. V. dans ce sens, H. Croze, « Pourquoi les facultés de droit devront sortir de l'université », *JCP G* 2011, Libres propos, 880, p. 1462 *sq*.

d'enrichir leur réflexion sur le droit, voire pour renouveler la réflexion sur certains objets de recherches ; mieux encore : en inventer de nouveaux.

Quant à l'internationalisation du programme, nous allions la fonder sur une série d'alliances passées avec diverses universités avec lesquelles nous souhaitions entretenir des liens privilégiés fondées sur des relations personnelles fortes : Cornell, Francfort, Keio, Harvard, McGill, Sao Paulo, Turin, etc. Notre première idée a été d'envoyer de manière systématique nos étudiants passer leur deuxième année de thèse au sein de l'une de ces universités en sollicitant pour eux tout à la fois un superviseur, un espace de travail qui leur soit propre, un accès privilégié à la bibliothèque et aux différents séminaires de recherches. Un projet qui n'a été rendu possible que parce que nous avons accepté de recevoir en échange leurs étudiants dans les mêmes conditions. La magie a eu lieu : nous recevons aujourd'hui une dizaine d'étudiants en provenance du monde entier qui échangent avec nos propres doctorants sur un même lieu de travail. Ce qui a immédiatement produit ses effets : sur l'ambiance générale ou la langue privilégiée pour les échanges, l'anglais s'étant rapidement imposé. En outre, les nombreuses discussions entre étudiants de provenances aussi différentes a modifié la perception que nos doctorants ont de leurs propres sujets. Désormais, leurs références intellectuelles ne sont plus seulement françaises ; elles sont devenues pleinement internationales. Et cet effet est naturellement renforcé à l'issue de la deuxième année passée à l'étranger.

Pari sur les sujets de thèse, pari sur l'ouverture au monde de nos étudiants : telles sont les deux orientations majeures que nous avons prises dans un programme doctoral qu'il ne s'agit pas de décrire par le menu[70]. Mais deux orientations qui reprennent deux des ambitions majeures de l'École de Droit : d'une part, ouvrir la réflexion en rompant avec le primat du modèle doctrinal, d'autre part s'inscrire pleinement dans un courant intellectuel qui dépasse les seules frontières nationales pour s'ouvrir à une mondialisation, du droit mais aussi de la science du droit, à laquelle il ne s'agit pas de faire « face »[71] mais de contribuer à modeler autrement qu'en enfermant le droit français, parfois requalifié de « droit continental », dans une citadelle qu'il s'agirait de défendre[72].

70. À ces deux paris s'en ajoute un troisième : celui de la constitution progressive d'une communauté académique au niveau européen et mondial qui permettra à nos étudiants de poursuivre leur carrière universitaire, non seulement en France, mais aussi à l'étranger. Si certains pays s'ouvrent à des recrutements internationaux (à l'exemple de la Grande-Bretagne, de la Belgique, des Pays-Bas, du Canada, et même des États-Unis dans certains domaines), tel n'est cependant pas encore le cas de la majorité.

71. V. le titre significatif de l'article de M. Grimaldi : « Le droit continental face à la mondialisation », *Études à la mémoire du professeur Bruno Oppetit*, Litec, 2009, p. 293 *sq*.

72. Comp. H. Muir Watt, « Les réactions françaises à "*Doing Business*" », *in* J.-F. Gaudreault-DesBiens, E. Mackaay, B. Moore et S. Rousseau (dir.), *Convergence, concurrence et harmonisation des systèmes juridiques*, éd. Thémis, 2008, pp. 75-76.

Conclusion

Il n'y a pas à proprement parler de conclusion à tirer de la relation d'une expérimentation : elle a en propre de ne cesser d'évoluer et de se modifier en fonction des résultats obtenus. Dans cet esprit, il ne fait aucun doute que l'École de Droit de Sciences Po évoluera au fil du temps en proportion de ses réussites et de ses échecs. Et pour cette raison simple qui m'est apparue au cours d'une enquête menée à travers le monde via une multitude de rencontres et de très nombreuses lectures : nul ne dispose à ce jour de la clef qui permettrait de former un juriste. Il existe différents modèles de formation que j'ai tenté de repérer en tâchant d'en distinguer trois. La France fait partie de l'un d'entre eux : s'y succèdent en principe un apprentissage universitaire de la dogmatique juridique sur une durée délibérément longue, puis une formation plus courte de facture professionnelle, le plus souvent hors cette université. Ce modèle ne ressemble pas tout à fait à ce que j'ai qualifié de modèle anglais où les juristes, du moins les praticiens, continuent de croire que l'expérience du droit acquise par un esprit brillant et cultivé vaut mieux que des études universitaires en droit[73] – ce qui a eu cet effet de permettre

73. V. en ce sens, P. Birks, « The academic and the practitioner », 18 *Legal Studies* 397, 403 (1998) : « *The would-be lawyer just has to*

aux membres des milieux académiques anglais de cultiver librement leur esprit théorique. Et le modèle auquel appartient la France ne ressemble pas non plus au modèle nord-américain (celui des États-Unis) qui prend des étudiants d'ores et déjà diplômés de l'enseignement supérieur pour tenter de les transformer en juristes durant un cursus de trois années. Non d'ailleurs sans que cela produise de très fortes tensions, que l'actuelle crise financière rend encore plus aiguës, entre des universitaires, qui prétendent au statut de *scholars*, et les représentants du barreau qui se plaignent du fait que la formation dispensée à leurs collaborateurs ne leur permet pas d'acquérir un réel savoir-faire professionnel.

Néanmoins, si nul ne sait exactement ce qu'il faut faire, il nous a paru que trois raisons au moins pouvaient justifier la création d'une École de Droit à Sciences Po dans le contexte français – trois raisons qui ont sous-tendu les développements qui précèdent.

La première tient au fait que les juristes français, pas plus d'ailleurs que leurs homologues européens, ne sont vraiment jamais passés dans la lessiveuse iconoclaste de la critique réaliste telle qu'elle s'est exprimée avec vigueur aux États-Unis durant les années 1920. La majorité des juristes français, hors

---

grin and bear a spell of legal education. It will not actually do any good, but it must be endured. This is an attitude found chiefly among practitioners – not, it must immediately be added, in the hearts of all practitioners. It holds that legal education has no real importance, it is just something that lawyers have to go through, as a midshipman must stand before the mast ».

les sphères limitées d'une certaine théorie du droit, continue à défendre mordicus ce que j'ai appelé le « modèle doctrinal » et à en tirer les conséquences sur le plan de l'enseignement du droit : il s'agit toujours de donner à croire aux étudiants et aux praticiens que le droit constitue un système qui doit être enseigné comme tel[74]. Or on peut imaginer un enseignement du droit qui ne repose pas nécessairement sur ce postulat. En un mot, l'expérimentation menée à Sciences Po tente de prendre pour acquis certaines des critiques du réalisme américain à l'endroit de la science juridique classique (celle qui l'a emporté au XIXe siècle) ou néo-classique (telle qu'elle a été revivifiée au XXe siècle) – non pas, comme on nous le reprochera certainement, pour promouvoir un quelconque « nihilisme juridique » (alors même que certains parmi nous accepteraient de se voir reprocher de former des juristes « agnostiques ») ou en vue d'importer en France la pensée juridique américaine, mais parce que la critique

74. V. sur ce thème, H. Dedek and A. de Mestral, « Born to be *Wild* : "Trans-systemic" Programme at McGill and the De-Nationalization of Legal Education », 10 *German Law Journal* 889, 893 (2009) : « *Furthermore, one always has to keep in mind that neither England nor the Continent has been exposed to a "realist" ideology as influential as the "realist" iconoclasm in the US, which sparked the tendency to critically re-assess not only the methods of legal scholarship, but also of legal pedagogy. The consequences are far-reaching : in Europe, the "paradigm" of legal scholarship never completely shifted away from that of 19th century "legal science". This "paradigm" implies that what makes a great scholar is the mastery of law as a "system", and command of the body of doctrine that surrounds the primary "sources of law". But the law-as-science paradigm also implies that judges and lawyers should employ the "scientific" approach in their work as well, and that students, too, should be brought up in its spirit* ».

réaliste, issue de la pensée juridique européenne de la fin du XIXe siècle, vaut aussi pour notre modèle d'enseignement.

La deuxième raison est étroitement liée à la première : en refoulant la critique réaliste qu'ils avaient paradoxalement initiée, en résolvant à leur manière la « crise de l'interprétation » des années 1900[75], les juristes français ont par la suite raté le fameux « tournant linguistique » qui a de nouveau placé en son centre cette question pour en tirer des conséquences proprement révolutionnaires[76]. En continuant à croire que les théories générales permettraient de résoudre la question de l'interprétation, ils n'ont pas ouvert les portes à d'autres disciplines qui ont parfois été sommées de la prendre en charge, telle l'analyse économique du droit que je ne cite ici qu'à titre d'exemple[77]. Or ce sont maintenant les praticiens qui réclament aux universitaires français de regarder un peu plus du côté de cette analyse économique qui l'emporte dans certaines branches du droit, mais sans réel succès.

La troisième et dernière raison est elle aussi liée à la première : en privilégiant le modèle doctrinal, qui favorise l'étude raisonnée du droit positif des

75. V. *supra*, p. 42 *sq*.
76. V. par exemple, B. Frydman, *Le sens des lois*, Bruylant, 3e éd., 2011, p. 545, n° 252 : « *Pour la question de l'interprétation les conséquences du tournant linguistique sont considérables, presque comparables, dans leur intensité, à celles de la révolution scientifique moderne* ».
77. V. sur le lien entre tournant herméneutique en théorie du droit et tournant cognitif en économie qui a été à l'origine de l'analyse économique du droit, S. Ferey, *Une histoire de l'analyse économique du droit*, Bruylant, 2008.

systèmes le plus souvent nationaux, beaucoup de juristes français ont du mal à penser le mouvement actuel de mondialisation du droit. Ils le voient majoritairement comme un phénomène auquel ce droit national doit faire face parce qu'il serait menacé dans son intégrité. Aussi bien la mondialisation aujourd'hui que l'européanisation hier seraient une source de désordres (des sources du droit, de l'ordonnancement et de la raison juridiques) dont il faudrait se préserver. Néanmoins la roue tourne et les praticiens, qui y sont directement confrontés, interrogent à nouveau la faculté : il leur faut des juristes qui puissent comprendre la manière dont leurs homologues étrangers, qu'ils soient ou non occidentaux, traitent certaines questions et des juristes qui soient en mesure d'évoluer dans un environnement mondialisé. « *Legal education as* métissage » a-t-on écrit il y a quelques années[78] pour défendre une nouvelle idée de l'enseignement du droit dans un contexte (le Canada) qui préfigurait peut-être ce que nous vivons sur une échelle plus vaste : c'est aussi à cette expérimentation à laquelle nous voulons procéder – même s'il n'est pas certain que le paisible « métissage » caractérise toujours les rencontres entre les traditions juridiques. Et y procéder pour faire en sorte que la jeunesse d'aujourd'hui ne rate pas le train de la mondialisation – ce qu'elle implique intellectuellement quand il s'agit de penser le droit, les comportements qu'elle postule quand il s'agit de le pratiquer – comme celle d'hier

78. N. Kasirer, « Legal Education as *Métissage* », 78 *Tulane L. R.* 481 (2003).

ou plutôt d'avant-hier avait raté celui du Réalisme, alors même que celui-ci trouvait au moins partiellement son origine dans la pensée juridique française.

En définitive, et pour les raisons que je viens d'énoncer, je ne crois pas que le projet mis en œuvre à Sciences Po nous ait mis à la remorque de la pratique en transformant l'École que nous avons créé en 2009 en une *business law school* destinée seulement à conquérir des parts de marché. Je ne crois pas non plus que ce projet doive être placé sur le même plan que les actuelles réformes mises en œuvre au sein des facultés de droit françaises qui me semblent tourner autour de deux idées : création de filières (sélectives) dites d'excellence et professionnalisation des études (de la licence au doctorat). L'objectif ayant présidé à la création de l'École de Droit n'a pas été tout à fait celui-là : tout en imaginant les effets que ce qu'ils imaginaient pourraient produire sur l'exercice pratique du droit, ses promoteurs ont plutôt tenté, sur le double registre de l'enseignement et de la recherche, à introduire une pensée qui prenne ses distances avec le modèle doctrinal dominant dans un univers national plus immobile qu'il n'y paraît, un univers façonné intellectuellement au début du XXe siècle[79] et qui s'est cristallisé institutionnellement durant les deux décennies ayant suivi la Seconde Guerre mondiale[80]. Or les très nombreuses discussions que je peux avoir avec les uns et les autres me prouvent, au moins dans le monde académique, que nous ne sommes

79. V. *supra*, p. 34 *sq*.
80. V. *supra*, p. 65 *sq*.

pas les seuls à vouloir prendre nos distances avec ce modèle – la dissidence existe. En ce sens, l'expérimentation menée à Sciences Po, notre petite cuisine aux mille ingrédients mélangés en tous sens, est au service de toutes celles et de tous ceux qui mettent l'enseignement au service d'une certaine conception du droit.

Bibliographie sélective

Ouvrages, essais et rapports

A.-J. ARNAUD, *Les juristes face à la société du XIXe siècle à nos jours*, PUF, 1975

Ch. ATIAS, *Devenir juriste – Le sens du droit*, LexisNexis, 2011

P. S. ATIYAH and R. S. SUMMERS, *Form and Substance in Anglo-American Law – A Comparative Study of Legal Reasoning, Legal Theory, and Legal Institutions*, Clarendon Press, 1987

F. AUDREN, *Les juristes et les mondes de la science sociale en France*, th. Dijon, 2005

M. BOUDOT, *Le dogme de la solution unique*, th. Aix-Marseille, 1999

R. A. BRAND and D. WES RIST, *The Export of Legal Education – Its Promise and Impact in Transition Countries*, Surrey, 2009

Conseil national du droit, *Travaux*, Litec, 2011

Ch. CHARLE, *La République des Universitaires (1870-1940)*, Le Seuil, 1994

F. COWNIE, *Legal Academics – Culture and Identities*, Hart, 2004

J.-M. DARROIS, *Vers une grande profession du droit – Rapport sur les professions du droit*, La documentation française, 2009

P. DÉLIDOFF (dir.), *Les Facultés de droit de province au XIXe siècle*, PU Toulouse, 2010

B. DE WITTE & C. FORDER (dir.), *Le droit commun de l'Europe et l'avenir de l'enseignement juridique*, Kluwer, 1992

Ch. EISENMANN, *Les sciences sociales dans l'enseignement supérieur : droit*, Rapport préparé au nom de l'association internationale des sciences juridiques, Unesco, 1972

C. FILLON, M. BONINCHI et A. LECOMPTE, *Devenir juge – Mode de recrutement et crise des vocations de 1830 à nos jours*, PUF, 2008

L. M. FRIEDMAN, *American Law in the 20th Century*, Yale UP, 2002 –, *A History of American Law*, Simon & Schuster, 3rd ed., 2005

J. GATTI-MONTAIN, *Le système d'enseignement du droit en France*, PU Lyon, 1987

D.J. GIVELBER, B. K. BAKER, J. MCDEVITT and R. MILIANO, « Learning Through Work : an Empirical Study of Legal Internship », 45 *J. Legal Educ.* 1 (1995)

J.-L. HALPERIN (dir.), *Paris, capitale juridique (1804-1950)*, éd. rue d'Ulm, 2011

M. W. HESSELINK, *The New European Legal Culture*, Kluwer, 2001

Ph. JESTAZ et Ch. JAMIN, *La doctrine*, Dalloz, 2004

D. KENNEDY, *Legal Education and the Reproduction of Hierarchy – A Polemic against the System*, New-York University Press, 2004

B. A. KIMBALL, *The Inception of Modern Professional Education – C. C. Langdell, 1826-1906*, The University of North Carolina Press, 2009

A. T. KRONMAN, *The Lost Lawyer – Failing Ideals of the Legal Profession*, Harvard UP, 1993

E. LABOULAYE, *De l'enseignement du droit en France et des réformes dont il a besoin*, L. Durand & autres, 1839

K. N. LLEWELLYN, *The Bramble Bush – The Classic Lectures on the Law and Law School*, 11th printing with a New Introduction and Notes by S. Sheppard, Oxford UP, 2008

A. LYON-CAEN (dir.), *Commission de réflexion sur les études de droit – Rapport remis à M. Jack Lang*, avr. 2002

E. MERTZ, *The Language of Law School – Learning to « Think like a Lawyer »*, Oxford UP, 2007

C. MUSSELIN, *La longue marche des universités françaises*, PUF, 2001

J. RAYNARD (dir.), *« Demain le DJCE » – Rapport de la commission d'évaluation des diplômes*, LexisNexis, 2009

R. STEVENS, *Law School – Legal Education in America*, The University of North Carolina Press, 1983

R. STUCKEY and others, *Best Practices for Legal Education*, Clinical Legal Education Association, 2007

W. M. SULLIVAN, A. COLBY, J. W. WEGNER, L. BOND & L. S. SHULMAN, *Educating Lawyers – Preparation for the Profession of Law*, The Carnegie Foundation for the Advancement of Teaching, 2007

R. SUSSKIND, *The End of Lawyers ?*, Oxford UP, 2008

B. TEYSSIÉ (dir.), *Rapport relative à la mise en place d'une formation commune afin qu'émerge une communauté de juristes cohérente et de haut niveau*, Conseil national du droit, mars 2010

M. TROPER et F. MICHAUD (dir.), *L'enseignement de la philosophie du droit*, LGDJ, 1997

D. TRUCHET (dir.), *77 recommandations pour l'enseignement du droit*, janv. 2007

W. TWINING, *Blackstone's Tower : The English Law School*, Sweet & Maxwell, 1994 –, *General Jurisprudence – Understanding Law from a Global Perspective*, Cambridge UP, 2009

R. VALEUR, *Deux conceptions de l'enseignement juridique*, th. Lyon, 1928

M. VENTRE-DENIS, *Les sciences sociales et la faculté de droit de Paris sous la restauration – Un texte précurseur : l'ordonnance du 24 mars 1819*, Aux Amateurs de Livres, 1985

L. VOGEL, *L'Université, une chance pour la France*, PUF, 2010

B. WILDAVSKY, *The Great Brain Race – How Global Universities are Reshaping the World*, Princeton UP, 2010

Articles et chroniques

Annales d'histoire des facultés de droit et de la science juridique, 1985, n° 2 – *Les méthodes de l'enseignement du droit*

H. AIZAWA, « Japanese Legal Education in Transition », 24 *Wis. Int'l L. J.* 131 (2006-2007)

P. ANCEL, « Dénationaliser l'enseignement du droit civil ? », *RTD civ.* 2011, pp. 701-724

Ch. ATIAS, « L'enseignement du droit en questions », *D.* 2011, Point de vue, pp. 2944-2945

F. AUDREN, « Les professeurs de droit, la République et le nouvel esprit scientifique », in *Mil neuf cent*, t. 29, La Belle Époque des juristes, 2011, pp. 7-33

S. C. BENNETT, « When Will Law School Change ? », 89 *Neb. L. Rev.* 87 (2010-2011)

A. BERNABE-RIEFKOHL, « Tomorrow's Law Schools : Globalization and Legal Education », 32 *San Diego L. Rev.* 137 (1995)

P. BIRKS, « The academic and the practitioner », 18 *Legal Studies* 397 (1998)

G. L. BLASI, « What Lawyers Know : Lawyering Expertise, Cognitive Science, and the Functions of Theory », 45 *J. Legal Educ.* 313, 314 (1995)

A. BOIGEOL, « La formation des magistrats : de l'apprentissage sur le tas à l'école professionnelle », *Actes de la recherche en sciences sociales*, vol. 76-77, mars 1989, pp. 49-64

J. BRUNNÉE, « The Reform of Legal Education in Germany : The Never-Ending Story and European Integration », 42 *J. Legal. Educ.* 399 (1992)

W. E. BURGER, « The Special Skills of Advocacy : Are Specialized Training and Certification of Advocates Essential to Our System of Justice ? », 42 *Fordham L. Rev.* 229 (1973-1974)

J. CAILLOSSE, « Quel droit administratif enseigner aujourd'hui ? », *Rev. adm.*, 2002, n° 328, pp. 343-358 et n° 329, pp. 454-472

G. CANIVET, « Des “professeurs-juges” aux “juges-professeurs” », *La Cour de cassation, l'Université et le Droit – Études en l'honneur de A. Ponsard*, Litec, 2003, pp. 115-127

A. CHASE, « The Birth of the Modern Law School », *Am. J. Legal Hist.* 329 (1979)

J. CHEVALLIER, « “Critique du droit” et la question de l'enseignement du droit », *in* X. Dupré de Boulois et M. Kaluszynski (dir.), *Le droit en révolution(s) – Regards sur la critique du droit des années 1970 à nos jours*, LGDJ, 2011, pp. 103-112

H. CROZE, « Qu'est-ce qu'enseigner le droit ? », *D.* 2004, Point de vue, pp. 1315-1316 –, « Pourquoi les facultés de droit devront sortir de l'université », *JCP G* 2011, Libres propos, 880, pp. 1462-1464

L. DASGUPTA, « Reforming Indian Legal Education : Linking Research and Teaching », 59 *J. Legal Educ.* 432 (2010)

H. DEDEK and A. DE MESTRAL, « Born to be *Wild* : “Trans-systemic” Programme at McGill and the De-Nationalization of Legal Education », 10 *German Law Journal* 889 (2009)

F. DESPAGNET, « La fonction sociale des facultés de droit », *Rev. int. de l'enseignement*, t. 21, 1891, pp. 533-560 ; t. 22, 1891, pp. 1-24

M. S. ERIE, « Legal Education Reform in China Through US-Inspired Transplants », 59 *J. Legal Educ.* 60 (2009-2010)

S. M. FELDMAN, « The Transformation of an Academic Discipline : Law Professors in the Past and Future (or Toy Story Too) », 54 *J. Legal Educ.* 471 (2004)

R. F. FILHO, « Brazilian Legal Education : Curricular Reform that Goes Further without Going Beyond », 10 *German Law Journal* 751 (2009)

T. M. FINE, « Reflections on U. S. Law Curricular Reform », 10 *German Law Journal* 717 (2009)

J. FRANK, « Why not a Clinical Lawyer-School ? », 81 *U. Pa. L. Rev.* 907 (1932-1933) –, « What Constitutes a Good Legal Education ? », 19 *A.B.A. J.* 723 (1933) –, « A Plea for Lawyer-Schools », 56 *Yale L. J.* 1303 (1946-1947)

D. J. GIVELBER, B. K. BAKER, J. MCDEVITT and R. MILIANO, « Learning Through Work : An Empirical Study of Legal Internship », 45 *J. Legal Educ.* 1 (1995)

R. W. GORDON, « Critical Legal Studies as a Teaching Method, Against the Background of the Intellectual Politics of Modern Legal Education in the United States », (1989) 1 *Legal Educ. Rev.* 59

G. S. GROSSMAN, « Clinical Legal Education : History and Diagnosis », 26 *J. Legal Educ.* 163 (1973-1974)

V. GROSSWALD CURRAN, « L'enseignement du droit aux États-Unis : Un effet oblique de la méthodologie "*common-law*" », *RRJ – Droit prospectif*, 1998, pp. 1543-1547

E. GUINCHARD, « La France s'est réveillée – À propos des facultés de droit françaises à l'heure de la mondialisation », *Justice et droit du procès – Mélanges en l'honneur de Serge Guinchard*, Dalloz, 2010, pp. 1083-1093

N. HAKIM, « Droit privé et courant critique : le poids de la dogmatique juridique », *in* X. Dupré de Boulois et M. Kaluszynski (dir.), *Le droit en révolution(s)*, LGDJ, 2011, pp. 71-83

C. HEMPEL and C. SERON, « An Innovative Approach to Legal Education – The Founding of the University of California, Irvine, School of Law », *in* S. L. Cummings (ed), *The Paradox of Professionalism – Lawyers and the Possibility of Justice*, Cambridge UP, 2011, pp. 169-193

W. D. HENDERSON, « Three Generations of U. S. Lawyers : Generalists, Specialists, Project Managers », 70 *Md L. Rev.* 373 (2010-2011)

M. W. HESSELINK, « A European Legal Method ? On European Private Law and Scientific Method », *European Law Journal*, vol. 15, n° 1, 2009, pp. 20-45

J. HUSA, « Turning the Curriculum Upside Down : Comparative Law as an Educational Tool for Constructing the Pluralistic Legal Mind », 10 *German Law Journal* 913 (2009)

R. JUKIER, « Where Law and Pedagogy Meet in the Transsystemic Contracts Classroom », (2005) 50 *McGill L. J.* 789

Jurisprudence – Revue critique 2010 (actes du séminaire du 3 juillet 2009 : « L'enseignement du droit au début du XXIe siècle : perspectives critiques »)

N. KASIRER, « Bijuralism in Law's Empire and Law's Cosmos », 52 *J. Legal Educ.* 29 (2002) –, « Legal Education as *Métissage* », 78 *Tulane L. R.* 481 (2003)

S. KATCHER, « Legal Training in the United States : A Brief History », 24 *Wis. Int'l L. J.* 335 (2006-2007)

D. KENNEDY, « The Political Significance of the Structure of the Law Curriculum », 14 *Seton Hall L. Rev.* 1 (1983-1984)

S. KIFT, « Lawyering Skills : Finding their Place in Legal Education », 8 *Legal Educ. Rev.* 43 (1997)

S. KORIOTH, « Legal Education in Germany Today », 24 *Wis. Int'l L. J.* 85 (2006-2007)

L. LORVELLEC et F. COLLART-DUTILLEUL, « L'évolution de la pédagogie du droit », *Mélanges en l'honneur de Henry Blaise*, Economica, 1995, pp. 313-331

E. MILLARD, « Sur un argument d'analogie entre l'activité universitaire des juristes et des médecins », *in* V. Champeil-Desplats et N. Ferré (dir.), *Droits et libertés en questions – Billets d'humeur en l'honneur de Daniel Lochak*, LGDJ, 2007, pp. 343-352

J. MONTAIN-DOMENACH, « L'influence de Jean Carbonnier sur l'enseignement du droit : les nécessités d'une rupture », *in* R. Verdier (dir.), *Jean Carbonnier – L'homme et l'œuvre*, PU Paris-Ouest, 2011, pp. 97-108

O. MORÉTEAU, « Bilan de santé de l'enseignement du droit – Séance VI : Droit et reproduction sociale »,

L. Castonguay et N. Kasirer (dir.), *Étudier et enseigner le droit : hier, aujourd'hui et demain – Études offertes à Jacques Vanderlinden*, Bruylant & Yvon Blais, 2006, pp. 273-301

Y.-M. MORISSETTE, « L'impact des disciplines exogènes au droit sur le métier des praticiens », (2009) 43 *RJT* 455 –, « McGill's Integrated Civil and Common Law Program » 52 *J. Legal Educ.* 12 (2002)

S. RIALS, « Dogmatique et humanités. Considérations françaises sur une séparation », *Droits* 2010, t. 50, pp 189-220

L. E. RIBSTEIN, « The Death of Big Law », 2010 *Wis. L. Rev.* 749 (2010)

G. RIPERT, « L'avenir des facultés de droit », *Annales de la faculté de droit d'Aix*, nouvelle série, n° 2, 1918, pp. 3-36

G. SAMUEL et S. MILLS, « L'enseignement du droit en Angleterre », *RRJ – Droit prospectif*, 1998, pp. 1527-1539

A. E. SUTHERLAND, « La formation du juriste américain », *RID comp.* 1957, pp. 550-561

D. THIES, « Rethinking Legal Education in Hard Times : The Recession, Practical Legal Education, and the New Job Market », 59 *J. Legal Educ.* 598 (2010)

M. TOUZEIL-DIVINA, « Utopie, politique et réalisme : l'article de revue critiquant l'enseignement du droit et projetant sa réforme sous la Restauration et la monarchie de Juillet », *Rev. d'histoire des facultés de droit et de la culture juridique* 2011, n° 31, pp. 81-115

Ch. TURGEON, « L'enseignement des facultés de droit de 1879 à 1889 », *Rev. int. de l'enseignement*, t. 19, 1891, pp. 274-312

W. TWINING, « Pericles and the Plumber », (1967) 83 *Law Quarterly Review* 396 –, « A cosmopolitan discipline ? Some implications of "Globalization" for legal education », 1 *Journal of Commonwealth Law and Legal Education* 13 (2001)

C. VALCKE, « Global Law Teaching », 54 *J. Legal Educ.* 160 (2004)

D. E. VAN ZANDT, « Foundational Competencies : Innovation in Legal Education », 61 *Rutgers L. R.* 1127 (2009)

A. VON BOGDANDY, « La science juridique dans l'espace juridique européen, une réflexion à partir de l'exemple allemand », *D.* 2011, pp. 2816-2822

L. VOGEL, « Le "Collège de droit" d'Assas, préfiguration d'une Grande École de droit », *JCP G* 2008, I, 212

J. WEIDONG, « Legal Education in China : A Great Leap Forward of Professionalism », 39 *Kobe Univ. L. R.* 1 (2004)

G. F. WILSON, « A Survey of Legal Education in the United Kingdom », 9 *J. Soc'y Pub. Tchrs* L. 1 (1966-1967)

Achevé d'imprimer par
l'Imprimerie France Quercy, 46090 Mercuès
N° d'impression : 20836 - Dépôt légal : mai 2012

Imprimé en France